アンティークレースに魅せられて

草花を編むタティングレース

Tatting Lace * Flowers & Plants

藤重すみ

過去から学ぶと云う言葉がありますが、まさにレースはそれ、そのものだと思います。
レースの持つ繊細性、もろさ、保存の難しさ、
その起こりをたどる唯一の資料は絵画、とくに肖像画からたどると云われています。
野に咲く花は、どんな環境の中でも可憐な花を時と共に咲かせます。
"レースは私の人生、それは永遠の憧れ"

今回出版にあたりまして、ご協力賜りました関係各位の皆様に
心から厚く御礼申し上げます。

藤重すみ

この本に関するご質問は、お電話またはWebで
書名／草花を編むタティングレース
本のコード／NV70405
編集担当／飯島亮子
Tel.03-3383-0637（平日13:00～17:00受付）
Webサイト「日本ヴォーグ社の本」http://book.nihonvogue.co.jp/
※サイト内"お問い合わせ"からお入りください。（終日受付）
（注）Webでのお問い合わせはパソコン専用となります。

本誌に掲載の作品を、複製して販売（店頭、ネットオークション等）することは禁止されています。
手づくりを楽しむためにのみご利用ください。

Contents

バラの咲く庭 衿
4〜7

サクラ草のネックレス＆イヤリング
8

パンジーのネックレス＆イヤリング
9

一輪のバラ ブローチ
10

ビオラのネックレス
11

ガーベラのネックレス
12・13

落葉のラリエット
14

ビオラとダスティミラーの衿
15

木もれ日 衿
16・17

白百合のガーデン ランナー
18・19

百合のネックレス
20

夏の日 衿
21〜23

蘭のドイリー
24・25

チューリップのドイリー
26・27

スイセンとハナミズキのドイリー
28・29

スイセンのネックレス
30

ハナミズキのネックレス＆コサージュ
31

つるばらのアーチ 衿
32・33

ローズヒップのイヤリング
33

リーフのアクセサリー
ネックレス／ブレスレット／イヤリング／ブローチ
34・35

ハートの額 キク／バラ／タンポポ
36

南天のリース
37

タティングレースの基礎
38

全体図 別紙1枚
A面・B面

バラの咲く庭　衿
Rose Garden

春の花をスケッチブックいっぱいに詰め込んで。
糸／オリムパス　金票♯40レース糸
編み方／49ページ

Tatting Lace ＊ Flowers & Plants

サクラ草のネックレス&イヤリング
Primula

小さい花がたくさん集まったイメージから。

糸／オリムパス　タティングレース糸〈中〉
編み方／54ページ

Tatting Lace * Flowers & Plants

パンジーのネックレス&イヤリング
Pansy

赤いビーズが映え、白糸だけの葉が上品です。
糸／オリムパス　タティングレース糸〈中〉
編み方／55ページ

一輪のバラ ブローチ
Rose

ポンパドールのばら色をイメージしたビーズを入れて。
糸／オリムパス　金票#40レース糸
編み方／56ページ

糸／オリムパス　タティングレース糸〈中〉
編み方／58ページ

ビオラのネックレス
Viola

かたまって可憐に咲くビオラを胸元に飾って。

糸／オリムパス　タティングレース糸〈中〉
編み方／58ページ

ガーベラのネックレス
Gerbera

しとやかなガーベラをリボンの上で咲かせました。
糸／オリムパス　金票#40レース糸
編み方／60ページ

♛
ガーベラのネックレス
Gerbera

自然にはないセピア色のガーベラを首飾りに。

糸／オリムパス　金票♯40レース糸
編み方／61ページ

落葉のラリエット
Leaf

ダイヤの中央を細い70番手で、より繊細に。
糸／オリムパス　金票＃40レース糸、タティングレース糸〈細〉
編み方／62ページ

ビオラとダスティミラーの衿
Viola / Dusty miller

房のようなハーフリングのフリルが素敵な小さな衿。

糸／オリムパス　金票♯40レース糸
編み方／59ページ

16 | *Tatting Lace ✶ Flowers & Plants*

木もれ日 衿
Soft sunlight

自然の植物を集めた美しい中世の薬草園がイメージ。
糸／オリムパス　金票#40レース糸
編み方／64ページ

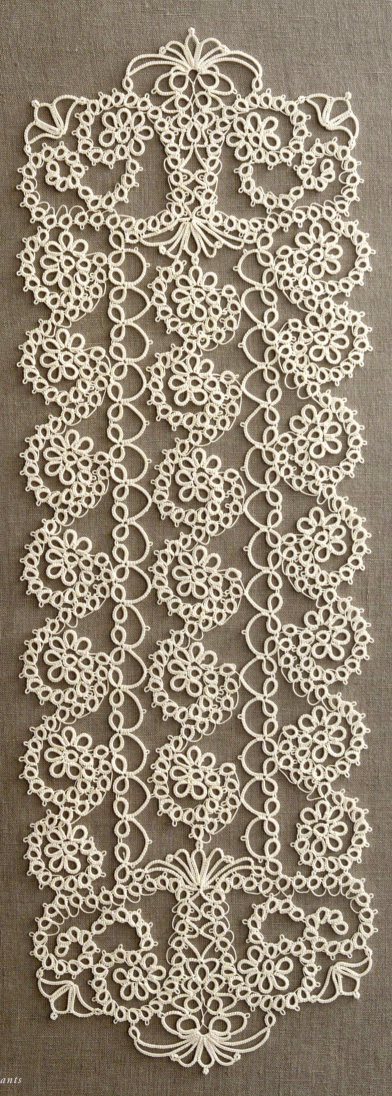

白百合のガーデン ランナー
Lily

手入れの行き届いた群生する百合の庭園をテーマに。

サイズ／50.5cm×18cm　糸／オリムパス　金票#40レース糸
編み方／68ページ

百合のネックレス
Lily

少しうつむいたように咲く百合の花が描く環。
糸/オリムパス 金票#40 レース糸
編み方/72ページ

Tatting Lace ★ Flowers & Plants

夏の日 衿
Summer time

草むらから涼しげにのぞく昼顔に出合う散歩道。

糸／オリムパス　金票♯40レース糸
編み方／73ページ

夏の日　衿
Summer time

蘭のドイリーの中央だけの小さなドイリー。
薄紫は蘭の花から連想。
サイズ／直径 23cm

蘭のドイリー

Orchid

溢れるようなリングの花が神秘的でエキゾチック。

サイズ／直径 50cm　糸／オリムパス　金票#40レース糸
編み方／74・76 ページ

作品のイメージソースとなったアンティークレース。
ボビンレース。

26 | *Tatting Lace ＊ Flowers & Plants*

チューリップのドイリー
Tulip

球根から伸びた生命力にあふれる春の花。
サイズ／直径27cm 糸／オリムパス 金票♯40レース糸
編み方／78ページ

早春を彩る水仙と花みずきをリネンの上で咲かせて。

スイセンとハナミズキのドイリー
Narcissus / Dogwood

早春を彩る水仙と花みずきをリネンの上で咲かせて。

サイズ／48cm×33cm　糸／オリムパス　金票♯40レース糸
編み方／80ページ

スイセンのネックレス
Narcissus

リアルな花のように立体的に表現したレースの花。

糸／オリムパス　金票#40レース糸
編み方／82ページ

ハナミズキのネックレス&コサージュ
Dogwood

生成りの花弁に、花芯の色糸が優しい印象を添えて。

糸／オリムパス　金票#40レース糸
編み方／83ページ

32 | *Tatting Lace ✶ Flowers & Plants*

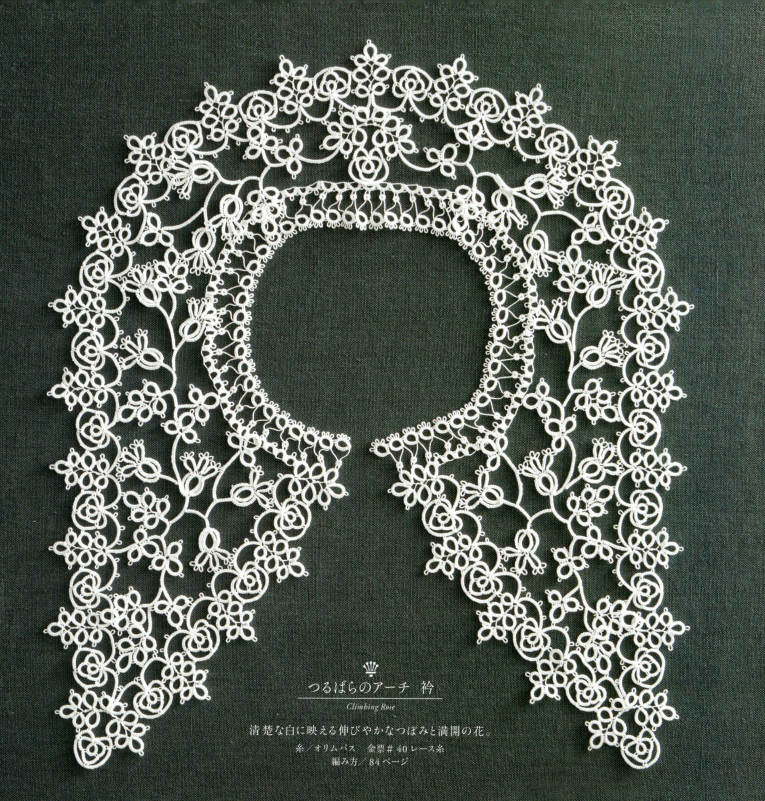

つるばらのアーチ 衿
Climbing Rose

清楚な白に映える伸びやかなつぼみと満開の花。

糸／オリムパス　金票♯40レース糸
編み方／84ページ

ローズヒップのイヤリング
Rose hip

立体的なバラの実が耳元でかわいらしく揺れて。

糸／オリムパス　金票♯40レース糸
編み方／85ページ

糸／オリムパス　金票#40レース糸

リーフのアクセサリー
ネックレス／ブレスレット／イヤリング／ブローチ
― Leaf ―

シンプルな葉だけのモチーフにビーズをきかせて。
糸／オリムパス　金票#40レース糸
編み方／86・87ページ

小さな花束をハートに載せてプレゼントに。

ハートの額
上から キク／タンポポ／バラ

Chrysanthemum / Dandelion / Rose

糸／オリムパス　タティングレース糸〈中〉、金票＃40レース糸
編み方／88ページ

真っ白な雪景色の中の赤い実を思い浮かべて。

南天のリース
Heavenly bamboo

糸／オリムパス　金票♯40レース糸
編み方／90ページ

タティングレースの基礎

タティングレースはシャトルという道具を使って、結び目を連続して作りながら、さまざまな模様に仕上げていく手芸です。
基本は表目と裏目の結び目のくり返しです。まずは、編み始めるための準備をしましょう。

用意するもの

①シャトル…レース糸を巻いて使います。先のとがった部分でピコットから糸を引き出したり、間違った結び目をほどいたりします。
②シャトルL…通常サイズの約1.8倍巻ける、ひとまわり大きなシャトルです。
③タティングレース用かぎ針…シャトルの先ではしづらい、編み糸を引き出してつなぐ作業に使います。またはレース針を使います。
④はさみ…糸の始末をするので、よく切れる小さなものが便利です。
⑤布用ボンド・へら…糸端の始末に使います。
⑥ピコットゲージ…ピコットの大きさをきっちり揃えたいときや、連続して同じ大きさに編むときに便利です。
⑦糸…この本で使用しているオリムパスレース糸を紹介します。（糸の写真は実物大）エミーグランデとタティングレース糸〈太〉は、基礎のページで使用しています。

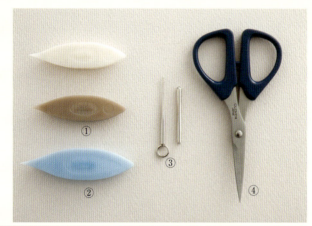

⑦
タティングレース糸〈太〉 　タティングレース糸〈中〉 　タティングレース糸〈細〉 　金票#40レース糸 　エミーグランデ

[シャトルに糸を巻く]

糸玉からシャトルに糸を巻くことから始めます。

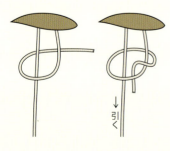

1 シャトルの角側を上にして左手で持ち、支柱の穴に糸を通します。通した糸を支柱の右から手前に引き出します。

2 引き出した糸を右にし、長い糸をはさむように渡して輪を作り、輪の中に上から通して結びます。長い糸を引いて、輪を締めます。

3 シャトルの角を左上側にして持ち、手前から向こうへ支柱に糸を巻きます。

4 糸はシャトルの両サイドからはみ出ない程度に巻きます。

［表目と裏目］

基本は表目1目・裏目1目が1組で、ダブルステッチ1目と数えます。左手にかけた糸が目になり、シャトルの糸が芯糸になります。右手のシャトルの糸の引き方、左手のゆるめ方がポイントです。まずは、シャトルと糸玉で糸の流れを覚えましょう。

◎糸の掛け方とシャトルの持ち方

基本のダブルステッチ

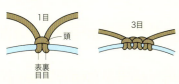

表目1目、裏目1目がダブルステッチで1目と数えます。

1 シャトルと糸玉の糸を結びます。糸の流れがわかるように2色の糸を使用しています。

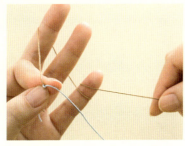

2 結び目を左手の親指と人差し指で持ちます。糸玉の糸を左手の外側から中指、薬指に掛け、小指の内側から下を通って一巻きします。

3 シャトルは糸端を20cmくらい出し、糸端が向こう側にいくように右手の親指と人差し指で持ちます。

◎表目の編み方

4 シャトルの糸を小指から薬指、中指と手首を回転させながら掛けます。

5 右手の人差し指とシャトルの間に、ピンと張った左手の糸を通します。

6 糸はシャトルの上を滑るように通ります。

7 次はシャトルの下を滑らせて戻ります。

8 戻ったときは、左手の糸にシャトルの糸が巻きついています。

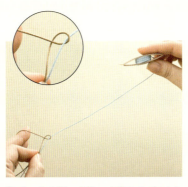

9 次に左中指、薬指、小指を曲げるようにゆるめ、同時にシャトルの糸をピンと張ります。シャトルの糸が芯糸にかわり、左手の糸が巻きつきました。

10 ゆるめた左手の糸を張り、巻きついた糸を人差し指の先まで寄せます。表目が編めました。

◎裏目の編み方

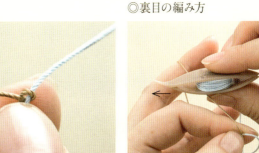

11 表目を左手の親指と人差し指で押さえ、シャトルの糸は下に垂らしたままにします。左手の糸をシャトルの下に滑らせます。

12 次はシャトルの上に左手の糸を滑らせて

13 戻ります。

14 9と同様に左手の中指、薬指、小指を曲げるようにゆるめ、同時にシャトルの糸をピンと張ります。左手の糸が編み目になり、シャトルの糸が芯糸になりました。

15 ゆるめた左手の糸を張り、巻きついた糸を人差し指の先まで寄せます。裏目が編めました。表目と裏目のセットを「（ダブルステッチ）1目」と数えます。

［ピコット］

目と目の間に作るループをピコットと呼びます。リングやブリッジをつなぐときや、飾りとして使います。

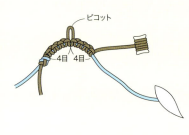

1 ダブルステッチを4目編み、ダブルステッチ3目分くらい間隔をあけて表目を編みます。

2 続けて裏目を編み、ダブルステッチ1目が編めました。

3 目を引き寄せるとピコットが出来ます。この目は続きのダブルステッチの1目と数えますので、あと3目編みます。

◎ピコットゲージ（ピコゲージ）の使い方

1 左手の糸と人差し指の間にピコットゲージを入れて持ちます。

2 ピコットゲージの向こう側で表目を編みます。

3 ピコットゲージの下側まで目を締め、裏目を編みます。

4 編む糸をピコットゲージの手前に戻して、次の目を編みます。

◎ゲージサイズが1枚にまとまっているもの

5 必要数ピコットが編めました。

6 ピコットゲージからループをはずしました。

1 左手に糸を掛けて、ピコゲージを合わせ、表目、裏目と編みます。

2 1目編んだところ。

［シャトル1個で編む］ リング

シャトルからつながっている糸を左手に巻いて編みます。目の編み方とシャトルの持ち方は基本と同じです。左手の糸の掛け方を覚えましょう。

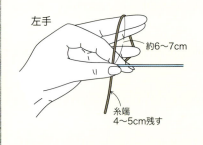

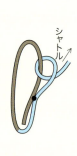

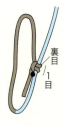

 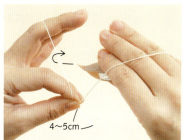  

1 シャトルは糸端を40cmくらい出し、糸端が向こう側にいくよう、右手の親指と人差し指で持ちます。左手は糸端を4～5cm残して親指と人差し指で押さえ、糸を手前から向こうに一巻きし、

2 糸端と重ねて押さえます。右手にシャトルの糸を掛けて編みます

3 4・P・4・P・4・P・4と編み、指からはずしました。(P＝ピコット)

4 編み目を左手に持ち、右手でシャトルの芯糸を引き締めます。リングの出来上がりです。

◎左ピコットつなぎ

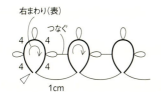 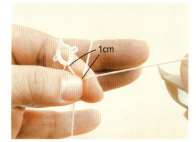  

5 1個めのリングを表にして持ち、渡り糸1cm分離したところを親指で押さえ、2個めのリングを編みます。

6 つなぐ手前の4目を編みます。編み糸の上につなぐピコットを重ね、

7 シャトルの角でピコットの中から編み糸を引き出します。

   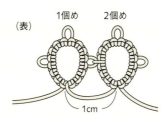

8 シャトルが通る大きさまで引き出し、

9 引き出した輪にシャトルをくぐらせ、引き出した糸を締めます。

10 続きの目を編み、2個のリングがつながりました。

◎リングの向きを交互にかえて編む

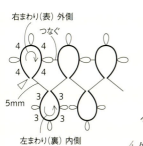  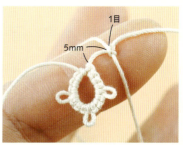 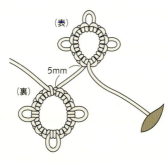

4 外側のリングが編めました。

5 リングを持ち替えて、裏側にします。

6 渡り糸5mm離したところを押さえて、2個めのリングを編みます。

7 内側のリングが編めました。

［輪につなぐ］

ピコットつなぎをして輪にする方法は、「たたんでつなぐ」と「持ち替えてつなぐ」方法があります。

◎たたんでつなぐ

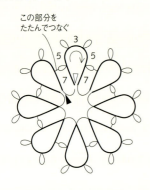

1 最後のリングを、最初のリングにつなぐ手前まで編みます。

2 最初のリングの裏（赤く塗ってあります）が出るように、モチーフを半分に畳みます。

3 さらに最初のリングを向こう側にお辞儀するようにたたみ、表が出るようにします。

4 左ピコットつなぎの要領で、ピコットから編む糸を引き出して、そのままシャトルをくぐらせます。

5 引き出した糸を引いて整えます。

6 そのまま続けて7目編みます。

7 リングの芯糸を引き締めます。

◎持ち替えてつなぐ

8 広げると輪につながりました。糸端の始末をして出来上がりです。

1 最後のリングを、最初のリングにつなぐ手前まで編み、手からはずします。

2 時計回りに180度回転させます。

3 この向きのまま、輪を左手に掛けます。

4 左ピコットつなぎの要領で、ピコットから編む糸を引き出して、そのままシャトルをくぐらせます。

5 引き出した糸を引き締めて、続けて4目編みます。

6 リングの芯糸を引き締めました。

［シャトル1個と糸巻きで編む］ リングとブリッジ

シャトルでリングを編み、裏にして糸巻きの糸を左手に掛けてブリッジを編みます。

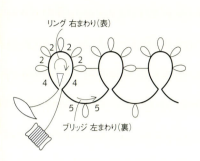   

1 リングを持ち替えて裏側にし、糸巻きの糸端と一緒に左手の親指と人差し指で持ちます。糸巻きの糸を左手に掛けます。

2 シャトルの糸が芯糸になり、糸巻きの糸が目になりブリッジ（5・P・5）が編めました。

3 次のリングは、持ち替えてブリッジを裏側にして編みます。

［シャトル2個で編む］ リングとブリッジ＋ジョセフィンリング

シャトル2個で編むときは、aシャトル・bシャトルに持ち替えながら編みます。
編み図の線の色はaシャトルで編むときは黒い線、bシャトルで編むときは青色の線で表しています。
編み目に出てくる色は左手に掛けた糸の色になります。

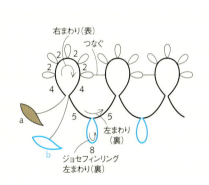 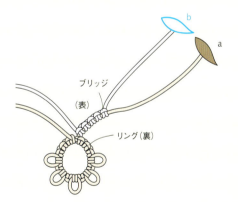 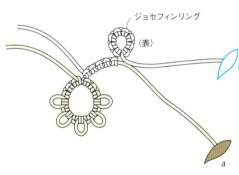

1 aシャトルでリングを編み、リングを持ち替えて裏側にし、bシャトルの糸端と一緒に左手の親指と人差し指で持ちます。bシャトルの糸を左手に掛け、糸巻きの場合と同要領にブリッジを編みます。

2 bシャトルに持ち替えて、リングを編みます。これをジョセフィンリングと呼びます。

  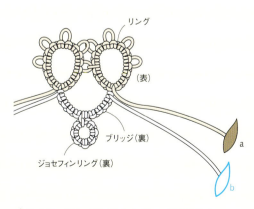

3 aシャトルに持ち替えてブリッジを編みます。

4 次のリングは、持ち替えてブリッジを裏側にし、aシャトルで編みます。

[つなぐ]

◎右ピコットつなぎ

1 つなぐ手前までブリッジを編みます。

2 つなぐピコットにシャトルの先を入れて、

3 左手の糸を引き出します。そのままシャトルを輪に通します。

4 引き出した糸を引いて整え、

5 続けてブリッジを編みます。

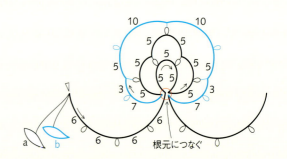

◎根元につなぐ

1 ブリッジとブリッジの間のリングの根元に穴ができるので、ここにつなぎます。

2 つなぐ穴にシャトルの先を入れて、

3 左手の糸を引き出します。そのままシャトルを輪に通します。

4 引き出した糸を引いて整えます。

5 次の段は編み地を表に返し、bシャトルに持ち替えてブリッジを、右ピコットつなぎをしながら編みます。

6 先ほどと同じ根元の穴につなぎ、aシャトルに持ち替えてブリッジを編みます。

◎編み始めにつなぐ場合

根元の穴がないので、2本の糸端を仮結びして穴を作り、つなぎます。あとから仮結びをほどいて糸始末をします。

44 | Tatting Lace ✤ Flowers & Plants

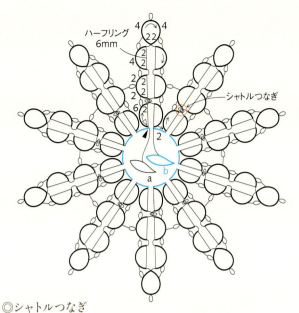

◎ハーフリング

リングと同じ編み方をし、輪を締めるときに指定の長さを残して締め、次のリングに進みます。

◎シャトルつなぎ

1 編む糸と、つなぐ渡り糸とを並行に持ちます。

2 シャトルの先で渡り糸をすくい上げて、

3 編む糸を引き出し、そのまま輪にシャトルを通します。

4 糸の長さを整えながら、シャトルの糸を引いて締めます。

[糸の始末]

◎途中で糸がなくなったら

リングやブリッジの途中で糸継ぎはできないので、次のリングやブリッジを編めるほど糸長が残っていないときは、糸端を10cmぐらい残して糸を切ります。新しい糸で次のリングやブリッジを編みます。その段が終わったら、残した糸端と新しい糸端を結んで糸始末をします。

1 リングやブリッジを編み終えたところで糸継ぎをします。新しい糸で次のリングを編み、

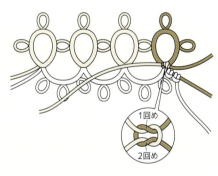

2 編み地の裏側で糸端どうしを結びます。結び目はリングの根元やブリッジの区切り部分にくるようにします。

◎糸端の始末

1 編み地は裏返して、フエルトなどの上にまち針でとめます。

2 糸端どうしを結びます。

3 糸端はリングに沿って根元3～5mmぐらいにボンドをつけて貼りつけます。ボンドが乾いたら、貼りつけた際で切ります。

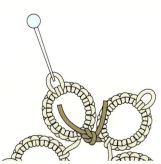

［仕上げ］円形ドイリーの場合

用意するもの
方眼紙、トレーシングペーパー、スプレー状の仕上げのり、まち針、アイロン、フエルトまたはアイロン台。

◎台紙を作る

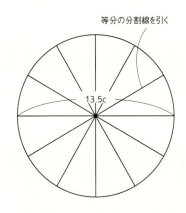

◎アイロンをかける

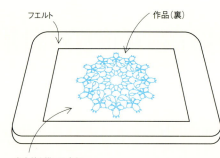

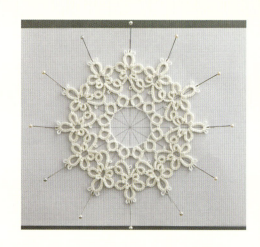

1 方眼紙にドイリーの大きさの円を描き、模様数に合わせて分割線を引きます。このドイリーは直径13.5cmで12模様あります。直径13.5cmの円と12等分の線を描きます。

2 台紙の裏側を上にして、フエルトの上に置きます。台紙を裏返すと描いた線が見えない場合は裏返さずに、その上にトレーシングペーパーをのせます。この上にドイリーを裏にしてのせます。

3 台紙の案内線にドイリーの模様を合わせながら、外郭線にまち針を打ちます。

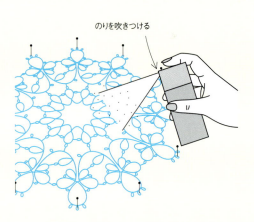

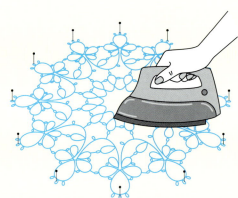

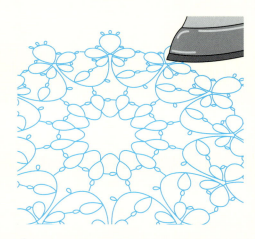

4 仕上げのりを作品の全体が濡れるまで吹きつけ、そのまま乾かします。

5 全体にアイロンをかけます。

6 まち針をはずし、外側のピコットを整えながら仕上げアイロンをかけます。

※仕上げのりを使わない場合は、代わりに霧吹きやスチームアイロンで仕上げをします。

［この本を編むための記号図と技法］

記号図は、編み地の表側から見て描いています。進行方向を示した矢印に沿って編み進みます。
矢印が右回りなら、編み地の（表）が表側に、左回りの時は、編み地の（裏）が表側になります。

シャトル1個で編む　P40
糸を左手に掛けて、リングを編む方法です。

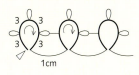

リングを続けて編み、渡り糸はつけません。　　　　　　　　　リングとリングの間に1cmの糸を渡します。
（＝渡り糸1cm）

シャトルと糸巻きで編む　P43
リングを編み、ブリッジは糸巻きの糸を左手に掛けて編みます。シャトルの糸がいつも芯糸になります。

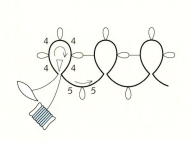
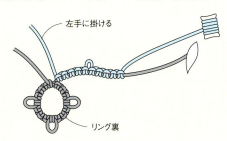
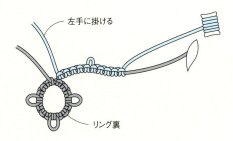

1　リングを編みます。ブリッジはリングを裏に返し、糸巻きの糸を左手にかけてシャトルで編みます。

2　次のリングは表に返して、シャトルでリングを編みます。

シャトル2個で編む　P43
ブリッジにリング（ジョセフィンリング）を同じ方向で入れるには、シャトルが2個必要になってきます。記号図は使うシャトルの色で表しています。

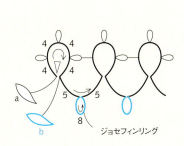

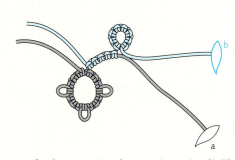

1　aシャトルでリングを編んで裏に返し、ブリッジはbシャトルの糸を左手に掛けて、aシャトルで編みます。

2　ジョセフィンリングはbシャトルでリングを編みます。

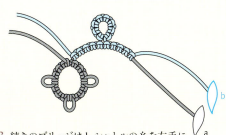

3　続きのブリッジはbシャトルの糸を左手に掛けて、aシャトルで編みます。

4　次のリングはブリッジを裏に返し、aシャトルで編みます。

糸の長さについて
1枚（個）ごとに記載の糸の長さは目安です。ゆとり分を含んでいますので全体の使用量と異なる場合があります。シャトルに一度に巻けない場合は、［途中で糸がなくなった場合］P45を参照して進んでください。この本で使用しているシャトルに巻ける長さは、#40レース糸でおよそ12〜13mです。

繊細で美しいレースの世界へようこそ

タティングレース糸
Olympus Tatting lace yarn

illustrated by © Shinzi Katoh

レース糸の老舗オリムパスがお届けする
タティング専用糸が4種類同時発売です。
全て、使いやすい40m巻。
3種類の太さと、ラメやカラフルなど
豊富なバリエーションをご用意しました。

タティングレース糸
〈細〉・〈中〉・〈太〉・〈ラメ〉

＊品質　〈細〉〈中〉〈太〉綿100%　〈ラメ〉ポリエステル100%
＊価格　〈細〉〈中〉〈太〉1玉￥360（本体価格）
　　　　〈ラメ〉1玉￥380（本体価格）
＊カラー　〈細〉〈中〉〈太〉各単色18色、カラフル4色　〈ラメ〉8色
＊仕様　約40m巻

〈細〉

〈太〉　〈ラメ〉

実物大糸見本

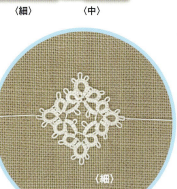
〈細〉

〈中〉

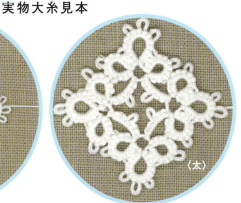
〈太〉

〈ラメ〉

T101～T118、T-501～T-504‥‥タティングレース糸〈細〉
T201～T218、T-601～T-604‥‥タティングレース糸〈中〉
T301～T318、T-701～T-704‥‥タティングレース糸〈太〉

オリムパス商品のお求めは、
全国の手芸売場、手芸店でどうぞ。

通信販売でのお求めはオリムパス公式オンラインショップへ
手芸のオリムパス公式オンラインショップ　
www.olympus-thread-shop.jp
通信販売係　TEL 052-931-6598　FAX 052-932-3223　メール inforoly@olympus-thread.com

本　社　TEL 052-931-6526　〒461-0018　名古屋市東区主税町4-92
東京支店　TEL 03-3862-0481　〒111-0053　東京都台東区浅草橋2-5-5長島エレガンス第Ⅲビル2F

オリムパス製絲株式會社
〒461-0018　名古屋市東区主税町4-92

バラの咲く庭 衿

写真4～7ページ　全体図A面・P92

[材料]
オリムパス　金票#40レース糸　生成り(852)　70g。

[用具]　シャトル2個。

[できあがり寸法]　衿ぐり39cm、縦68cm、横46cm。

[編み方順序・ポイント]

① イベリスのブレードを3本編みます。
② バラを3枚編みます。
③ サクラ草のブレードを①②につなぎながら4本編みます。
④ ビオラとダスティミラーのブレードを先に編んだものにつなぎながら編みます。
⑤ ビオラのブレード中小を先に編んだものにつなぎながら編みます。
⑥ ガーベラを編みます。つなぐ先があるものはつなぎながら編みます。
⑦ パンジーA、B、Cを編み、つなぎます。
⑧ 葉を編み、つなぎます。
⑨ カスミ草を指定位置につなぎながら編みます。
⑩ サクラ草を指定位置につなぎながら編みます。
⑪ ツルを指定位置につなぎながら編みます。
⑫ オリーブを指定位置につなぎながら編みます。

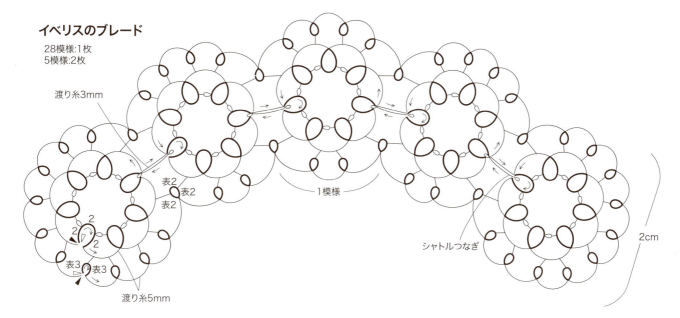

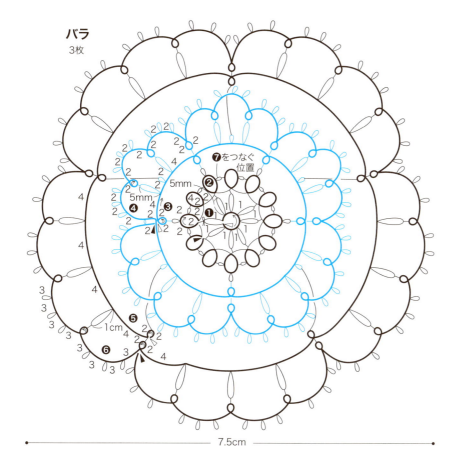

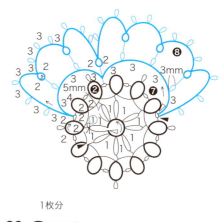

▷ = 編み始め
▶ = 編み終わり

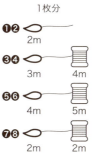

50～53ページへ続く

バラの咲く庭 衿　49〜53ページへ続く

▷ =編み始め
▶ =編み終わり

サクラ草のブレード

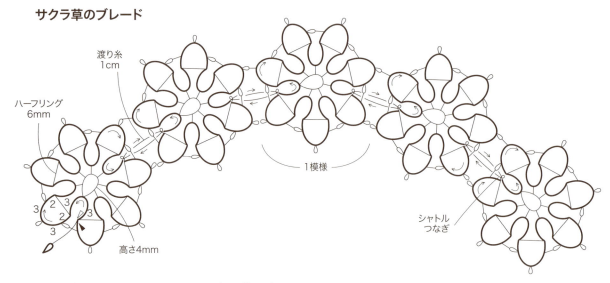

サクラ草 7弁 18枚

サクラ草 6弁 12枚

カスミ草 5弁 34枚

カスミ草 4弁 4枚

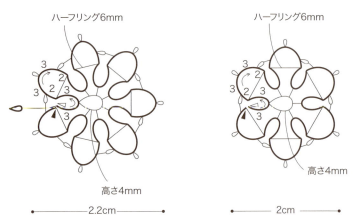

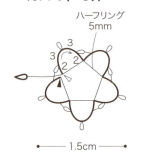

※外周のピコットの有無は全体図参照

ガーベラ 10弁4R 10枚

ガーベラ 10弁5R 1枚

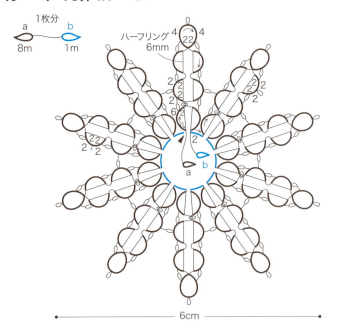

aシャトルでリングを編み終えたら、そのままの向きでbシャトルでブリッジを編む

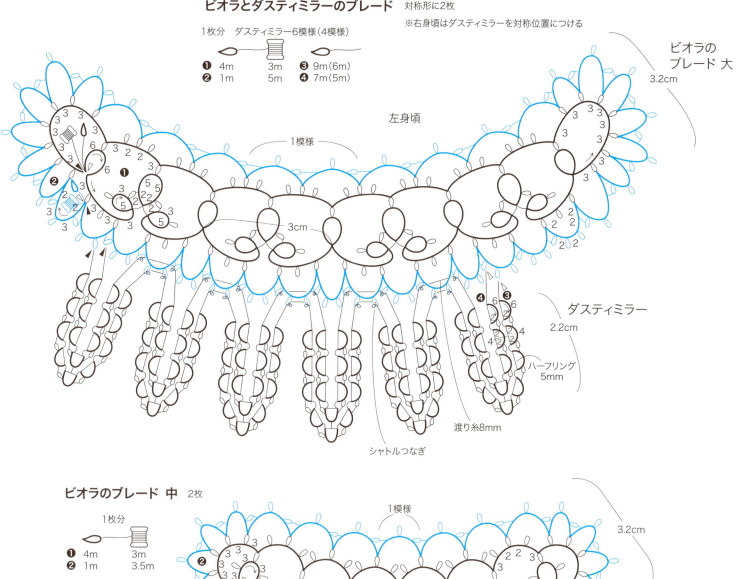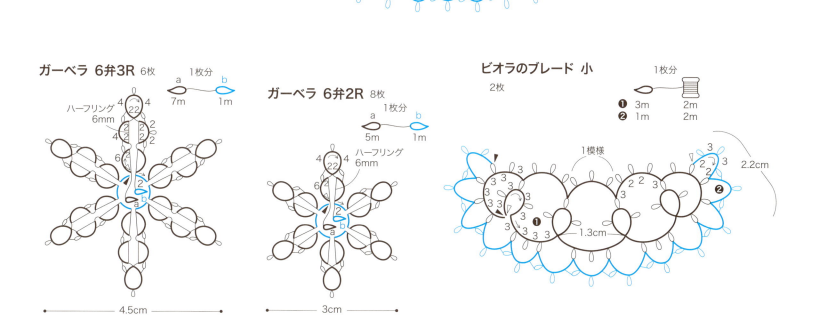

バラの咲く庭 衿　49〜51ページから続く

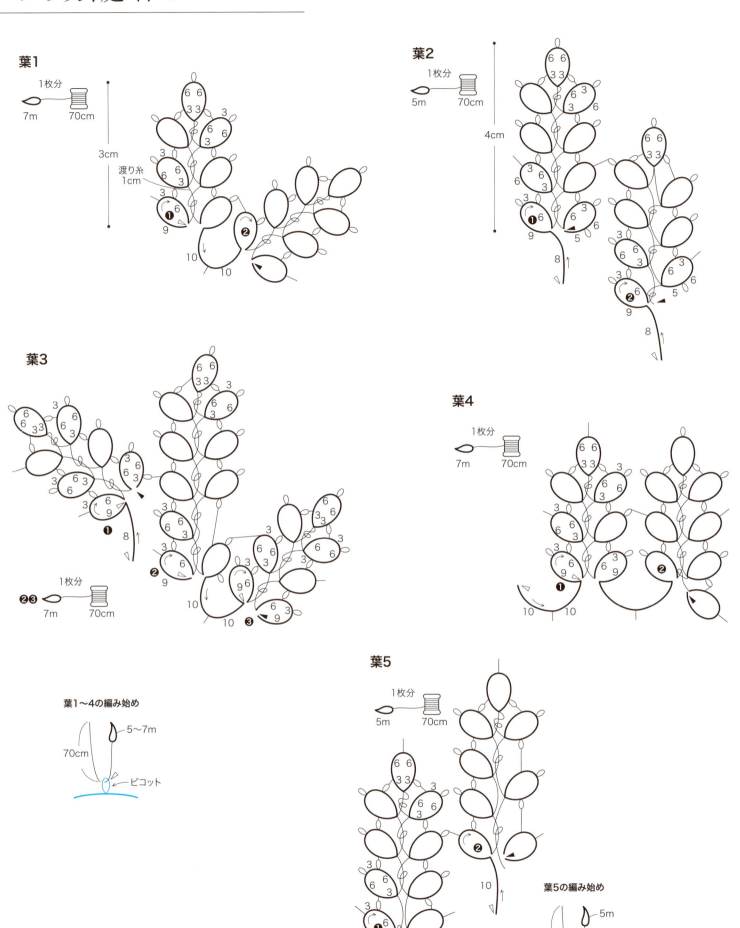

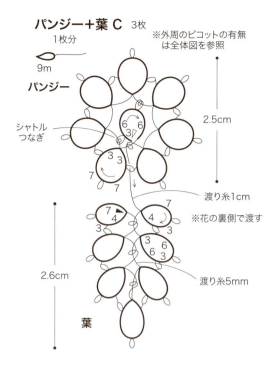
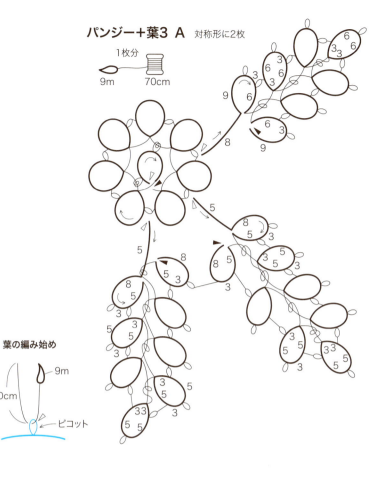

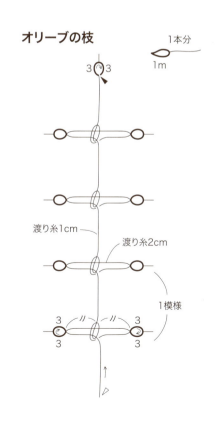
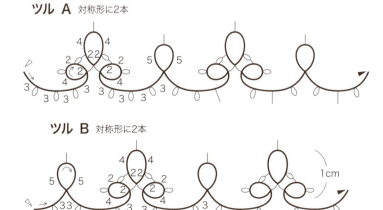

サクラ草のネックレス&イヤリング 写真8ページ

[材料]
オリムパス　タティングレース糸〈中〉　アイボリー（T203）4.5g（40m）。アンティークビーズ　ベージュ274個、留め金具1組、丸カン2個、イヤリング金具1組。

[用具]　シャトル1個。

[できあがり寸法]　ネックレス／51cm、イヤリング／3.5cm。

[編み方順序・ポイント]
ネックレス

①ビーズを通した糸をシャトルに巻きます。
②まず、サクラ草のブレードを編みます。リング1つ編み、ビーズ2個を編み糸に移してハーフリングを編みます。リングとハーフリングをくり返してリング5つめの花半分まで編んだら、渡り糸1cmで次の花に移ります。「花の半分を編んで次の花に移る」をくり返して6模様編みます。
③7模様めは花1つ編んで輪につなぎます。最後のハーフリングの糸を引く前に、シャトルが編み地の裏側にあるようにします。（リングを締めるとシャトルの移動ができないので注意します）つないだピコットの裏側で糸を渡して、6模様めの花の残り半分を編みます。1模様ずつ花を完成させながら1模様めの花に戻ります。始めの糸端と結んで糸始末をします。
④ブレードを編みます。ビーズ3個を編み糸に移し、リング1つを「2・サクラ草につなぐ・6・P・2」と編みます。ビーズ3個を編み糸に移し、2つめのリングを★「2・隣のリングにつなぐ・6・P・2」と編みます。★をくり返して24模様編み、糸を切ります。
⑤もう1本のブレードは同要領に編みますが、サクラ草には最後のリングでつなぎます。
⑥ブレードに丸カンで留め金具をつなぎます。

イヤリング

①糸にビーズを通してからシャトルに糸を巻きます。
②リングを編み、ビーズ2個を編み糸に移してハーフリングを編みます。リングとハーフリングをくり返して輪につなぎます。ビーズ8個をつなぎ目まで移動し、15cmぐらい糸端を残して糸を切ります。
③イヤリング金具に糸を通し、戻るように8個のビーズに糸を通します。編み始めの糸端と結び、糸始末をします。

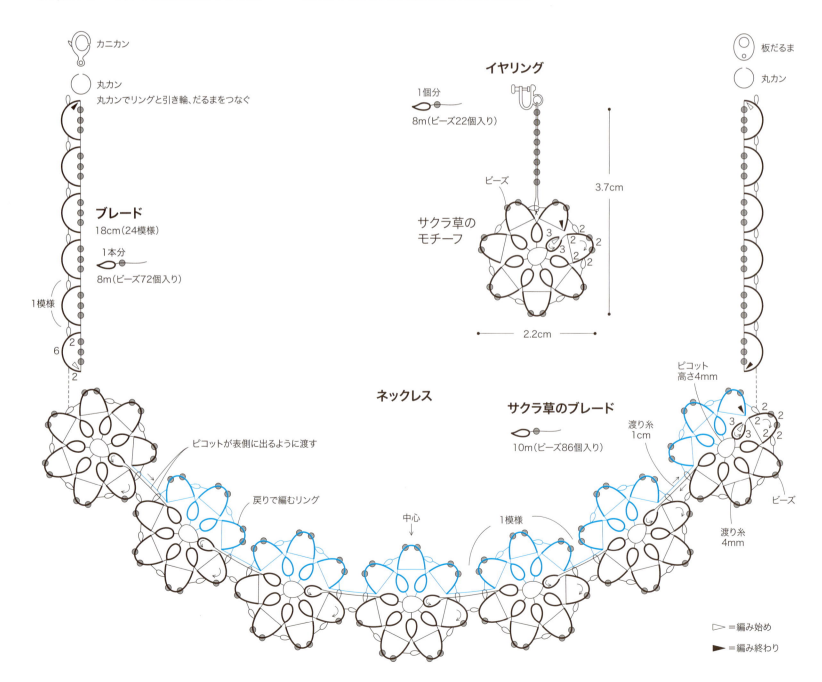

パンジーのネックレス＆イヤリング　写真9ページ

[材料]　オリムパス　タティングレース糸〈中〉　生成り（T202）4.5g（40m）。デリカビーズ　赤181個、留め金具1組、丸カン2個、イヤリング金具1組、Cカン4個。

[用具]　シャトル1個。

[できあがり寸法]　ネックレス／48cm、イヤリング／5.5cm。

[編み方順序・ポイント]

ネックレス

①ビーズを通した糸をシャトルに巻きます。

②花の中心のリングを編みます。ビーズ3個を編み糸に移して外側のリングを1つ編みます。中心のリングのピコットにつなぎ、ビーズ1個を渡り糸に通します。ビーズ3個を編み糸に移して、2つめのリングを編みます。外側のリング7つ編んで輪にし、花の後ろ側で渡り糸1cmして次に葉Aを編みます。

③葉Aはビーズ1個を編み糸に移して1つめのリングを編みます。渡り糸7mmして2つめのリングを編みます。4つめのリングを編んだら、渡り糸にシャトルつなぎをし、5つめのリングを編みます。7つのリングを編んだら糸を切り、糸始末をします。

④葉Bはシャトル続きの糸をブリッジの編み糸に使います。つなぐ位置の花のピコットにシャトルの糸端を通して、編み糸分の糸長を確保してブリッジを編みます。

⑤リング7つは葉Aと同要領に編み、編み終わりよりリングのブリッジの編み終わりの糸端と結んで糸始末します。

⑥ブレードを編みます。編み糸にビーズ1個を移して1つめのリングを編みます。渡り糸5mmで次のリングをピコットにつなぎながら編みます。

⑦ブレードが2本編めたら、糸端をネックレス本体につなぎ、糸始末します。

⑧ブレードの端のリングに丸カンで留め金具をつけます。

イヤリング

①ビーズを通した糸をシャトルに巻きます。

②ネックレスの花と葉Aと同じものを2つ編みます。

③Cカンで花のつなぎ目をそっくり拾ってイヤリング金具とつなぎます。

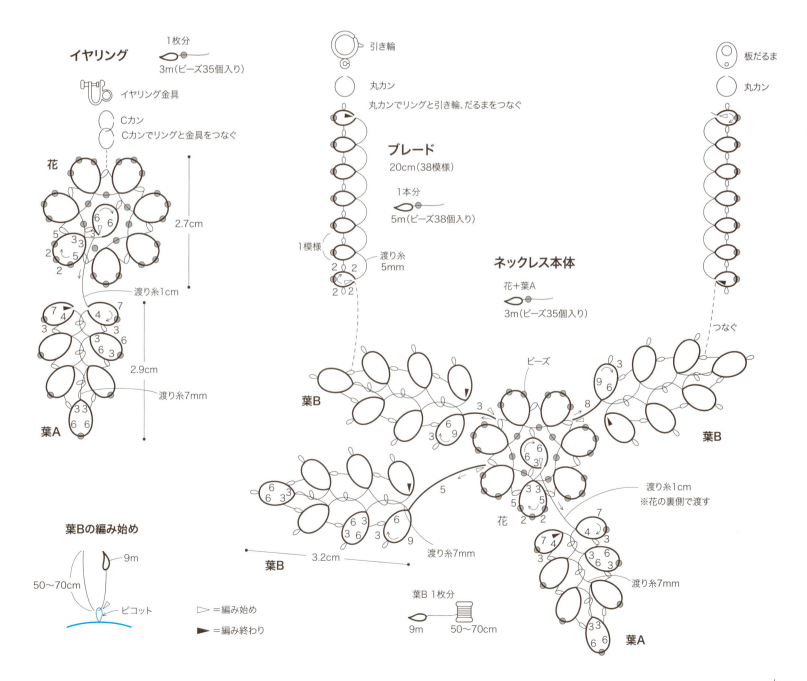

一輪のバラ ブローチ 写真10ページ

[材料]
オリムパス　金票#40レース糸　生成り(852) 10g。丸小ビーズ　ピンク290個、デリカビーズ　透明206個、ブローチ金具1個、布少々。
[用具]　シャトル2個。
[できあがり寸法]　花の直径 7.5cm、ブレード80cm。
[編み方順序・ポイント]
花
①1段めは花の中心でピコット7つのリングを編みます。編み始めの糸端と編み終わりの糸端を結んでピコットと同じ高さの輪を作り、2段めに進みます。
②3、4段めは4段め分のビーズを糸巻きの糸に通しておき、編みます。
③3段めの最後のブリッジは最初のリングの根元につなぎます。
④続けて4段めはブリッジにビーズを入れて編み、編み終わりは糸を切って糸始末します。
⑤5、6段めは6段め分のビーズを糸巻きの糸に通しておき、編みます。
⑥5段めは4段めを前に倒して3段めのピコットにつないで編みます。
⑦6段めは5段め最後のブリッジに続けてリングをあみ、5段め最初のリングの根元につなぎます。最後は始めのリングの根元つないで糸始末をします。
⑧7、8段めは8段め分のビーズを糸巻きの糸に通しておき、編みます。
⑨7段めは2段めにつなぎながらブリッジで編みます。はじめにリングを編み、最後のブリッジは編み始め位置につなぎます。
⑩8段めは続けて、7段めにつなぎながら編みます。編み終わりは始めのリングの根元につないで糸始末をします。
葉
⑪1枚めの葉を編みます。糸端を15cmほど残して1個めのリングを編み、渡り糸7mmで次のリングを編みます。隣のリングのピコットにつなぎながら11個のリングを編み、糸端を15cmほど残して糸を切ります。編み始めと終わりの糸端を渡り糸にからめながら真ん中のリングの根元まで上がり、裏側で結んで糸始末をします。
⑫2枚めは4個のリングをつないで編み、渡り糸にシャトルつなぎして5個めのリングを編みます。7個めのリングを編んだら、続けてブリッジを編み、3枚めを編みます。
⑬3枚めは2枚めと1枚めにつなぎながら編みます。
⑭ブリッジを編み、4枚めを1枚めにつなぎながら編みます。
まとめ
⑮布を花の3段めの大きさに丸く切っておきます。
⑯ブローチ台に葉を糸でとめます。その上に布、花の順に重ねて、表から目立たない位置を糸でブローチ台にとめつけます。
ブレード
⑰ビーズを通した糸をシャトルに巻きます。
⑱ビーズ入りのリングとビーズなしのリングを交互に編み、隣のリングにつなぎながら編みます。

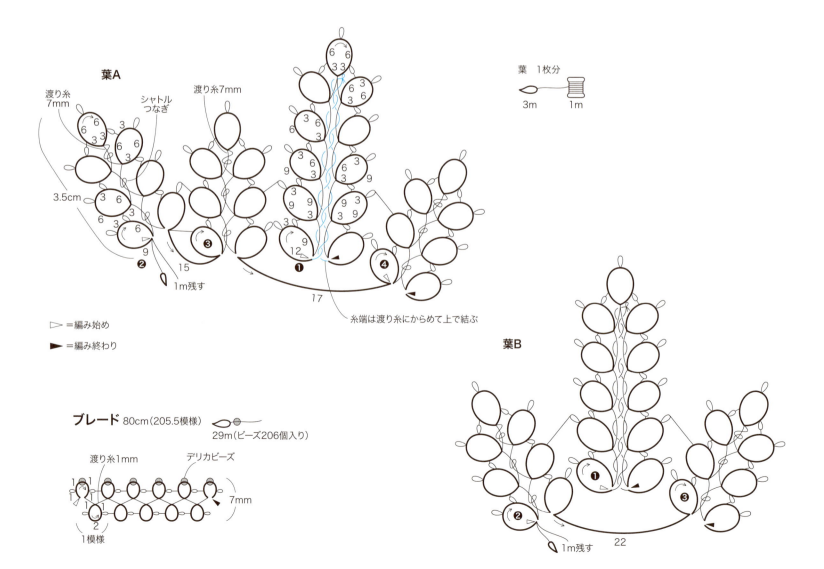

56 | Tatting Lace ＊ Flowers & Plants

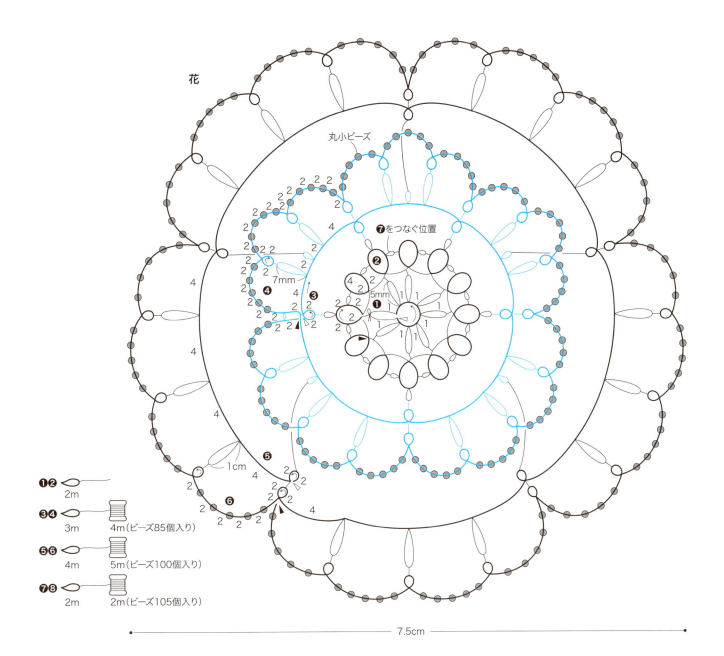
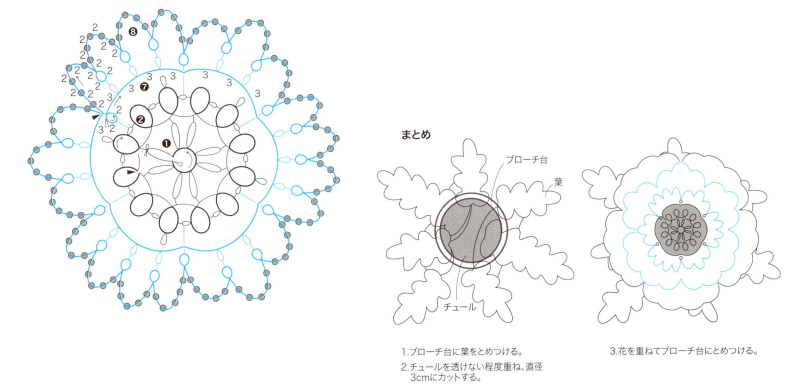

ビオラのネックレス 写真11ページ

[材料]
オリムパス　タティングレース糸〈中〉　生成り (T202)4.5g(40m)。留め金具1組、丸カン2個。
[用具]　シャトル1個。
[できあがり寸法]　55cm。
[編み方順序・ポイント]
①ビオラの1段めは1つリングと下側ブリッジ、3つリングと下側ブリッジをくり返して編みます。1つリングの7個めを編んだら、続けて上側ブリッジをリングのピコットにつながりながら編み始めまで戻るように編みます。編み始めと終わりの糸端を結んで糸始末します。
②2段めは1段めのブリッジのピコットにつなぎながらブリッジで1周編み、糸始末します。
③ブレードを編みます。最初のリングの2目を編んだら、本体の裏側から指定位置のピコットにつないで2・P・2・P・2と編みます。渡り糸5mmで次のリングを編みます。
④2本めのブレードは最後のリングでビオラの指定位置につなぎます。
⑤ブレードのリングと留め金具を丸カンでつなぎます。

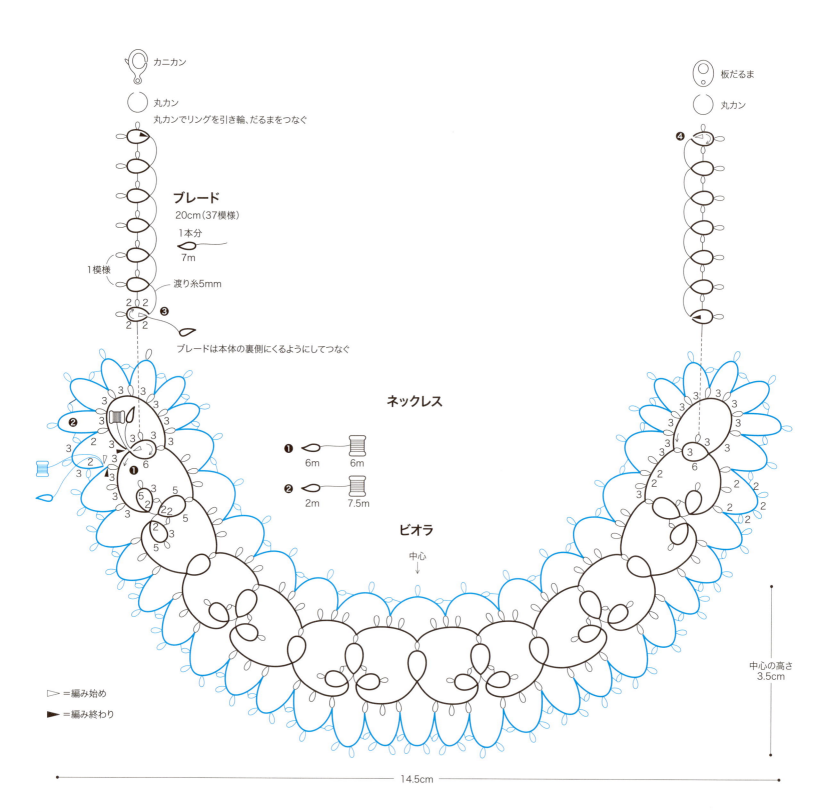

ビオラとダスティミラーの衿

写真15ページ

[材料] オリムパス 金票#40レース糸 濃ベージュ(741)15g。
[用具] シャトル1個。
[できあがり寸法] 衿ぐり42cm。
[編み方順序・ポイント]

①1段めはリング1・下側ブリッジ・リング3・下側ブリッジをくり返し、リング1を21個めまで編み、ブリッジをリングのピコットにつなぎます。上側のブリッジをリングにつなぎながら編み始め位置まで編み、編み終わりは始めの糸端と結んで糸始末します。

②2段めは1段めにつなぎながらブリッジで1周します。

③3段めは2段めのピコットにつなぎながら、ハーフリングのフリルを編みます。

④4段めは3段めの内側で、2段めと3段めにつなぎながら編みます。

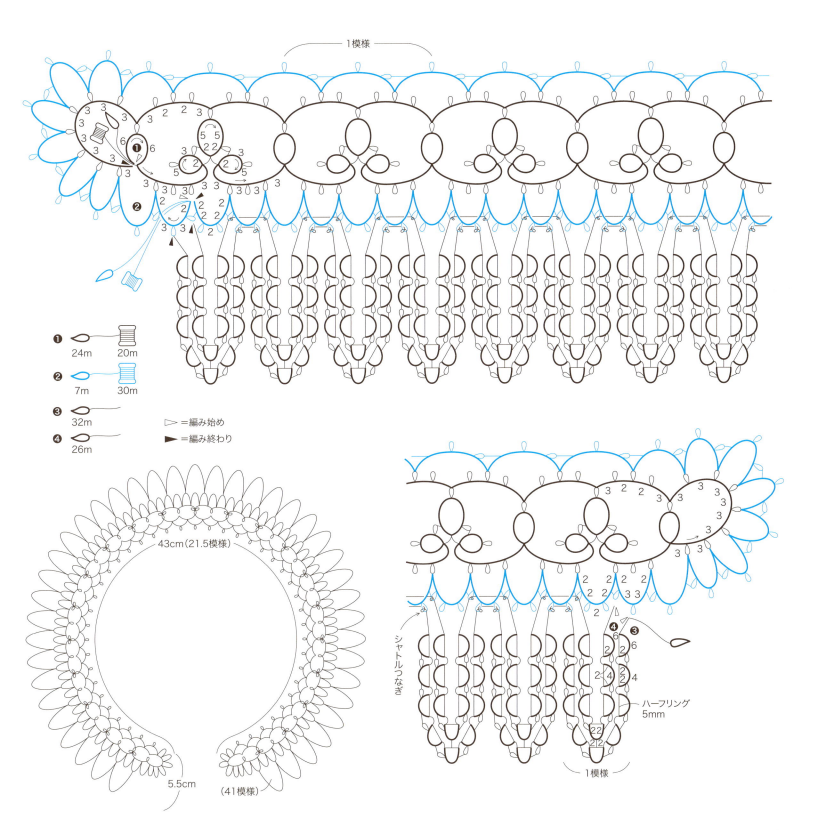

ガーベラのネックレス 白 写真12ページ

[材料]
オリムパス 金票#40レース糸 生成り(852)
17g。リボン 1.5cm幅×150cm。
[用具] シャトル2個。
[できあがり寸法] レース部分53cm。
[編み方順序・ポイント]
①小の花弁を先に編みます。aシャトルで花弁のハーフリングを編み、そのままの向きでbシャトルでブリッジを1・P・1と編みます。これをくり返します。
②8枚めの花弁を編み、ブリッジ4目編みます。
③小花弁の裏側でブリッジのピコットにつなぎ、大きな花弁のハーフリングとブリッジ2目を編みます。最後のブリッジは小花弁のブリッジのピコットにつなぎ、糸始末します。
④11個の花を編み終えたら、リボンと花の中心を合わせてとめる位置を決め、それぞれの花の中央だけをリボンに縫いつけます。

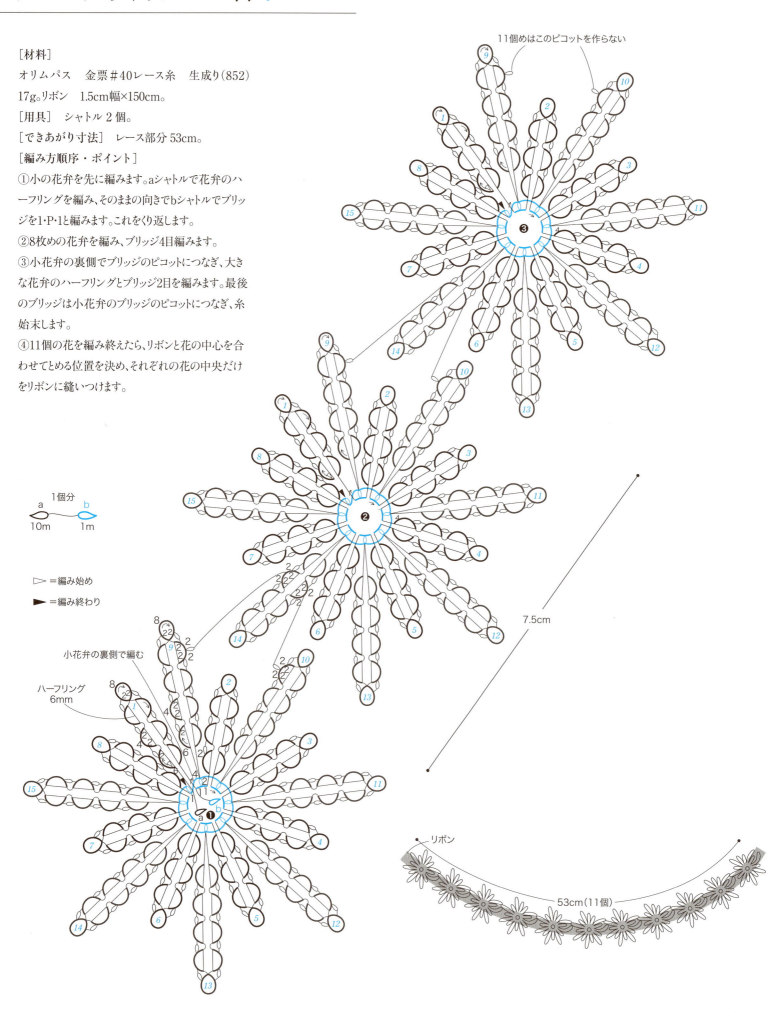

ガーベラのネックレス セピア 写真13ページ

[材料] オリムパス　金票＃40レース糸　ココア色(813) 17g。スライド留め金具21mm　1組、丸カン8個。
[用具] シャトル2個。
[できあがり寸法] 56cm。
[編み方順序・ポイント]
①小の花弁を先に編みます。aシャトルで花弁のハーフリングを編み、そのままの向きでbシャトルでブリッジを1・P・1と編みます。これをくり返します。
②8枚めの花弁を編み、ブリッジ4目編みます。
③小花弁の裏側でブリッジのピコットにつなぎ、大きな花弁のハーフリングとブリッジ2目を編みます。最後のブリッジは小花弁のブリッジのピコットにつなぎ、糸始末します。
④11個の花がつながったら、両端の花びらの指定位置に留め金具をつけます。

落葉のラリエット 写真14ページ

[材料]
オリムパス 金票#40レース糸 生成り(852) 14g、タティングレース糸〈細〉 生成り(T102)2g(35m)。
[用具] シャトル1個。
[できあがり寸法] 76cm。
[編み方順序・ポイント]
①ダイヤ柄の中央をタティングレース糸〈細〉で、リングと渡り糸でネット状に編みます。途中3か所のリングはピコットを9個つけて花のように編みます。
②葉は渡り糸の長さを指定のように変えながらリングを13個編み、シャトルつなぎをしながら12個のリングを編みます。編み終わりは始めの糸端と結び、糸始末します。
③ダイヤ柄と葉をもう1枚ずつ編み、裏返して使います。糸始末する側に注意します。
④#40レース糸でダイヤの外枠とブレードを編みます。大小のリングをつなぎながら編み、①のネットの周囲にもつなぎながら編み進みます。ダイヤ柄の周囲につなぎ終わったら先に編んであるブレードとつなぎながら編みます。もう1枚のダイヤ柄にもつなぎ、編み終わりは始めの糸端と結んで、糸始末します。
⑤ネットの上に葉を置き、葉の渡り糸部分をネットにかがりつけます。

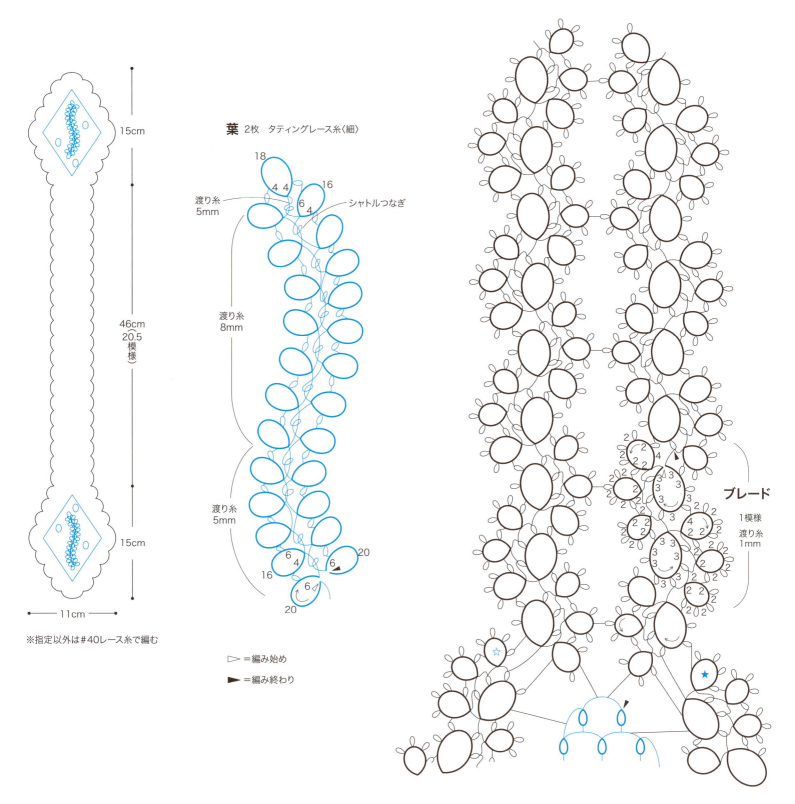

木もれ日 衿

写真16・17ページ　全体図A面・P93

[材料]
オリムパス　金票#40レース糸　ココア色(813)
40g。
[用具]　シャトル2個。
[できあがり寸法]　衿ぐり49cm、幅17cm。
[編み方順序・ポイント]
①衿ぐりのみすみ草のブレードを24.5模様編みます。
②ブレードAを①につなぎながら編みます。
③ブレードBは右前側から①②につなぎながら編みます。
④葉A-1の1枚めは編み糸とシャトルの間に別糸をはさみ、ブリッジを編み始めます。別糸はあとから抜いて、ブレードDをつなぐ穴に使います。
⑤葉B-1は葉A-1につないで編みます。葉B-2は編み始めに別糸をはさんで、編んでおきます。
⑥シダ1はaシャトルに糸を巻いて3m糸端を出しておき、糸端を葉B-1のピコットに通してからbシャトルに巻きます。⑤の葉2枚につなぎながら編みます。
⑦葉A-2を編みます。
⑧葉A-1から葉A-2までをくりかえして4回編みます。
⑨葉Cを編み、葉Cから続けて葉B-3を編みます。
⑩葉B-4、シダ2を編みます。
⑪⑨⑩をくり返して3回編みます。
⑫ブレードCを編み、③と⑪をつなぎます。
⑬みすみ草のモチーフを編み、17枚つなぎます。
⑭前端のブレードDを編み、⑫と⑬をつなぎます。
⑮ネットを編み、⑫と⑬をつなぎます。

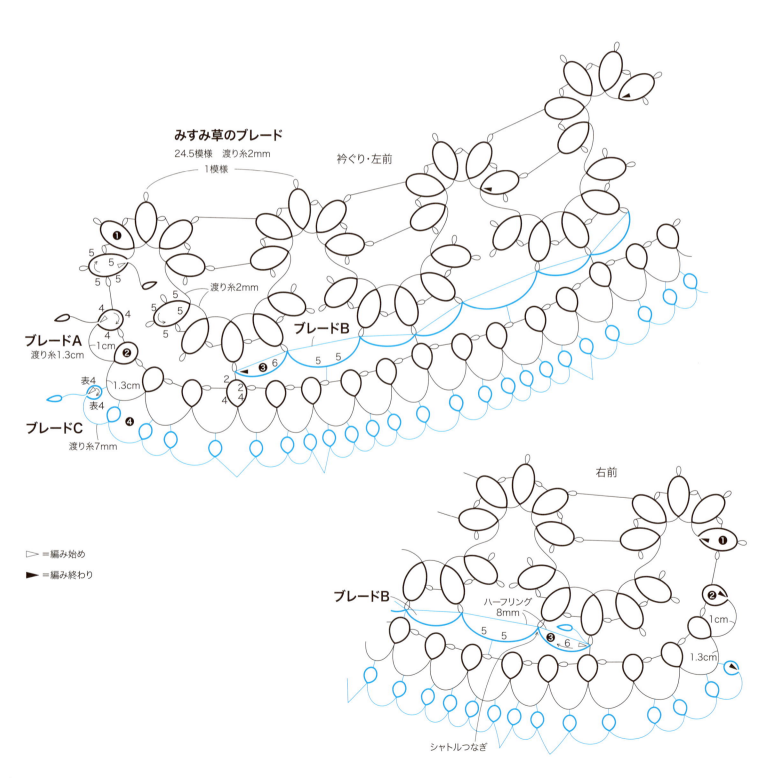

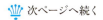
次ページへ続く

49cm
17cm

ネット 渡り糸1cm

渡り糸5mm
渡り糸5mm
渡り糸1cm

みすみ草のモチーフ
17枚 渡り糸2mm
7cm

木もれ日 衿 前ページから続く

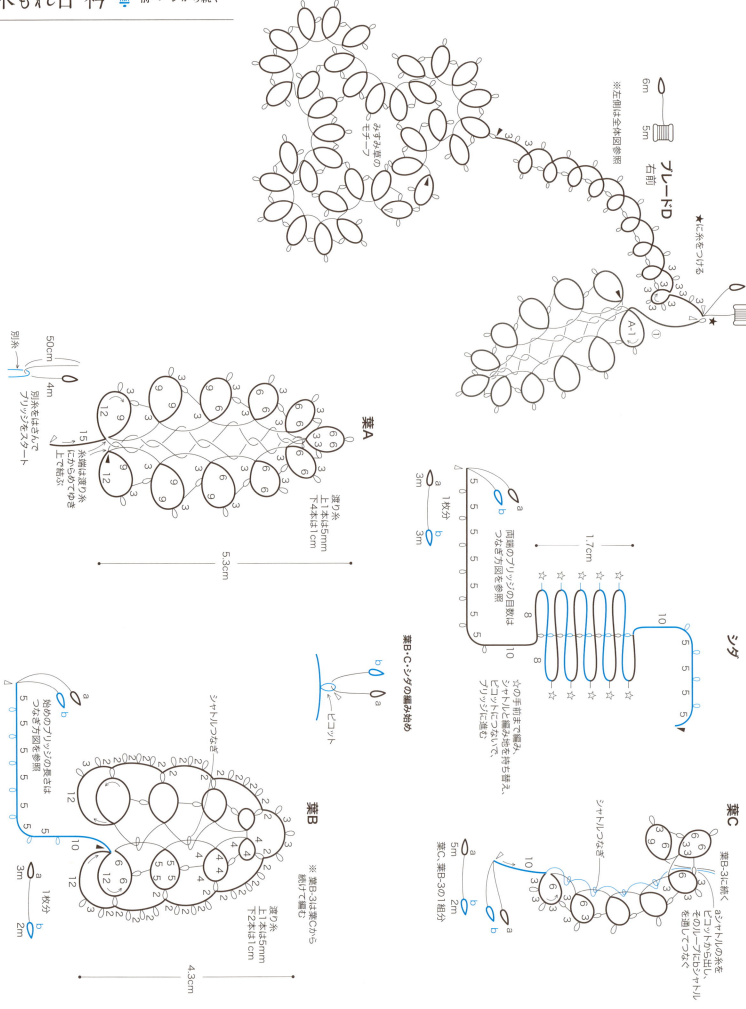

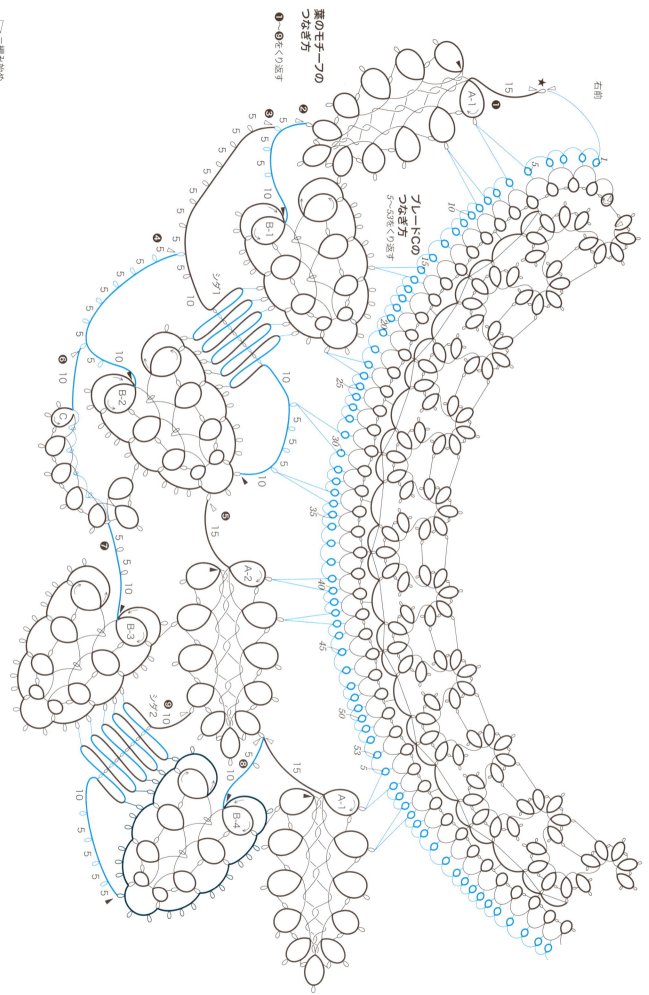

白百合のガーデン ランナー 写真18・19ページ

[材料]
オリムパス　金票♯40レース糸　アイボリー
(731)25g。
[用具]　シャトル2個。
[できあがり寸法]　縦50.5cm、横18cm。
[編み方順序・ポイント]
百合のモチーフ
①シャトル1個でハート型のモチーフを対称形に2枚編みます。
②①の角に扇形のモチーフをシャトル2個で編みつけます。
③②の2枚をつなぐ中央部分を、シャトル2個で編みます。
④同じものをもう1枚編みます。
⑤中央の百合のブレードを編み、百合のモチーフにつなぎます。
⑥⑤の上下にそれぞれつなぎのブレードを図を参照してつなぎながら編みます。
⑦⑥につなぎながら百合のブレードを編みます。

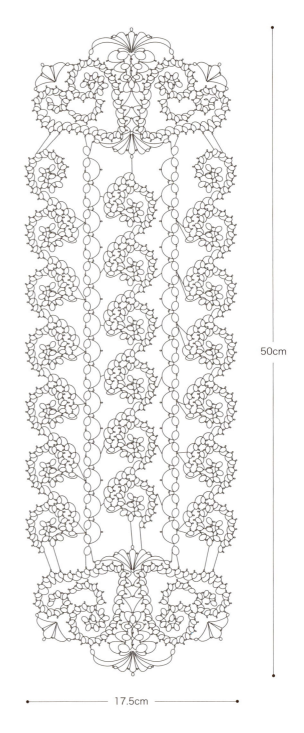

次ページへ続く

※指定以外の渡り糸3mm
※左側の❶❷は対称に編む

この間の渡り糸1cm
輪につなぐ
シャトルつなぎ
この間の渡り糸1cm

▽ = 編み始め
▼ = 編み終わり

69

白百合のガーデン ランナー 前ページの続き

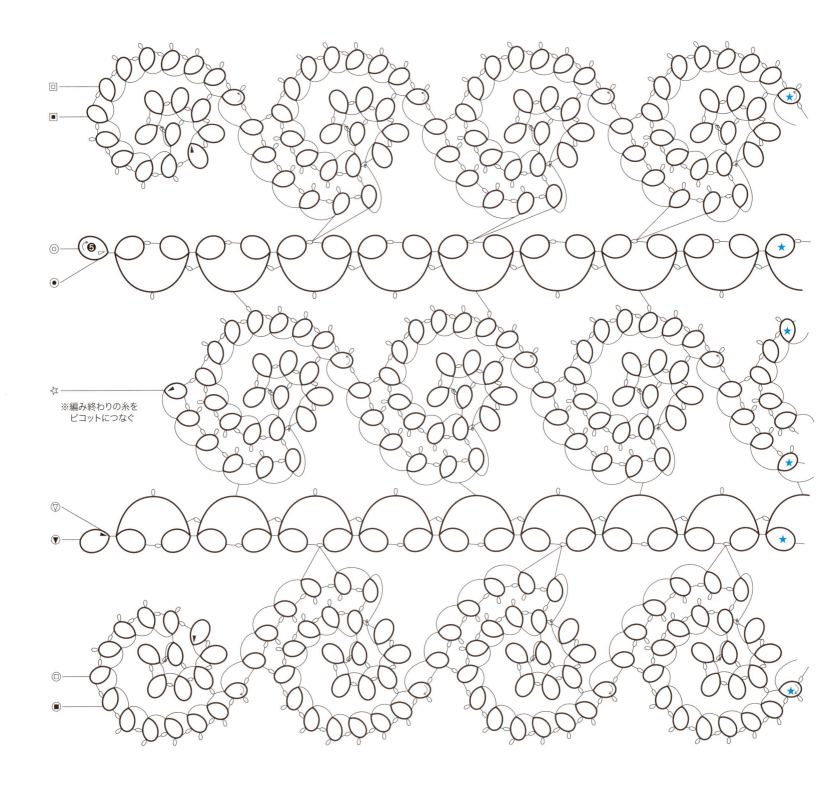

※編み終わりの糸をピコットにつなぐ

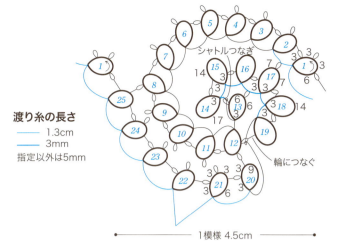

渡り糸の長さ
― 1.3cm
― 3mm
指定以外は5mm

1模様 4.5cm

▷ = 編み始め
▶ = 編み終わり

※左右ページの★を重ねて見る

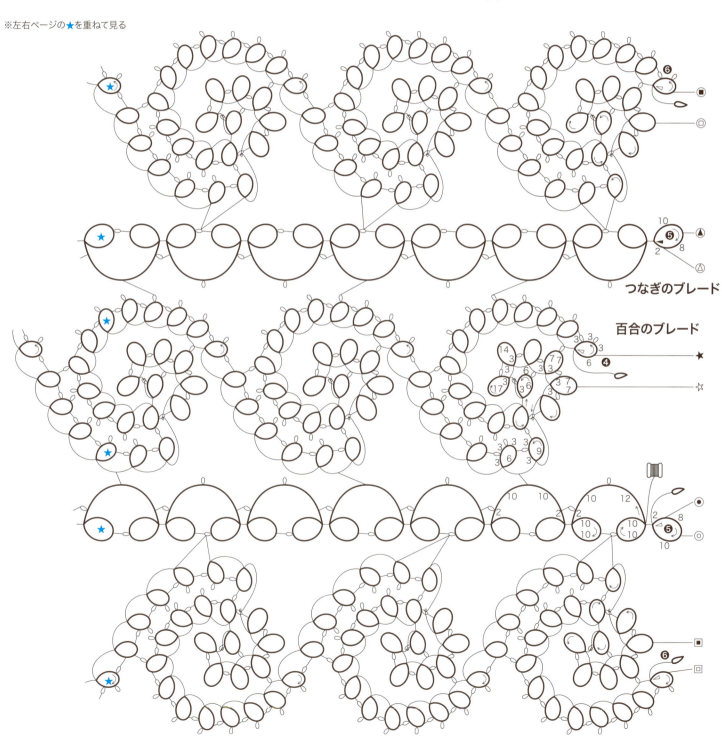

つなぎのブレード

百合のブレード

百合のネックレス ✿ 写真20ページ

[材料]
オリムパス　金票#40レース糸　濃ベージュ(741)10g。ヒモ留め10mm×2個、引き輪1個、丸カン2個、鎖6cm。
[用具]　シャトル1個。
[できあがり寸法]　衿ぐり46cm。

[編み方順序・ポイント]
①1模様はリング24個です。リングを編み、指定の渡り糸の長さで次のリングを編みます。
②15個めのリングを編んだら、右側のピコットにシャトルつなぎをしてから16個めのリングを編みます。
③21個めのリングは14個めのリングに輪につなぎ、つなぎ目にシャトルつなぎして22個めのリングを編みます。
④2模様めの1個めのリングは、1模様めの12個めのリングにつなぎます。11模様編み、糸始末をします。
⑤図を参照して留め金具をつけ、ネックレスに仕立てます。

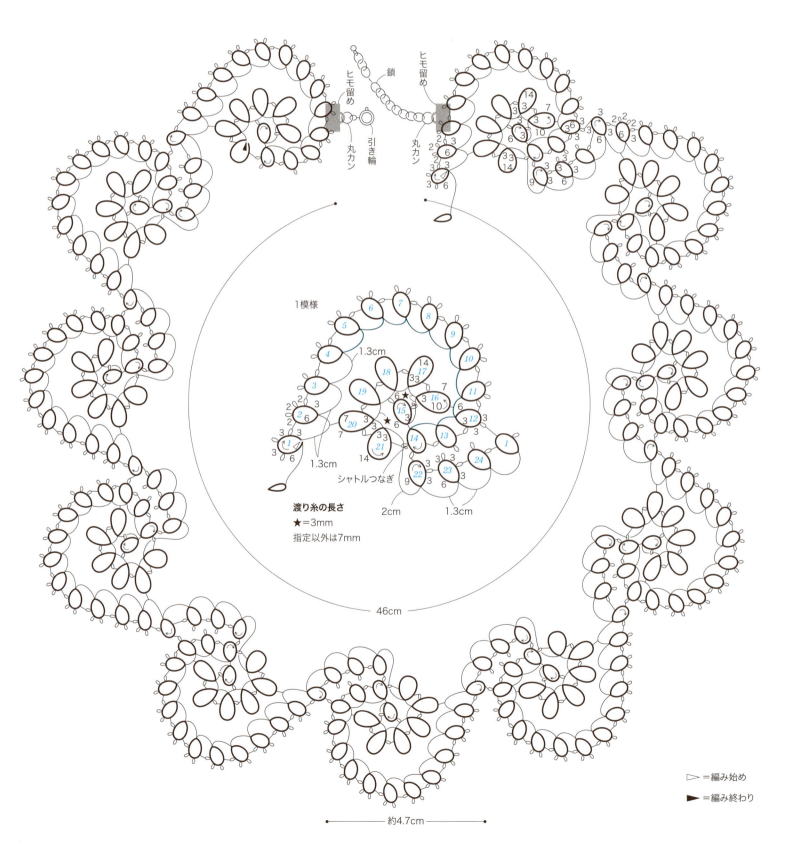

▷ =編み始め
▶ =編み終わり

72　Tatting Lace ✲ Flowers & Plants

夏の日 衿

写真21〜23ページ　全体図B面・P94

[材料]
オリムパス　金票#40レース糸　生成り(852)
25g。

[用具]　シャトル2個。

[できあがり寸法]　縦30cm、横42cm。

[編み方順序・ポイント]
①ガーベラを7枚編みます。
②ヒルガオを6枚編み、うち2枚はガーベラにつなぎます。
③1/2ヒルガオを2枚、アサガオを6枚編みます。
④葉大を花につなぎながら編みます。
⑤衿ぐりをブレードで花につなぎながら編みます。
⑥ブレードを編みながら、全体をつなぎます。
⑦葉小を編んでつなぎ、空間を埋めます

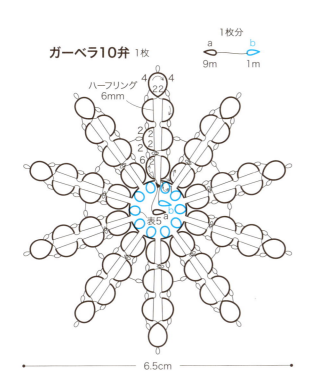

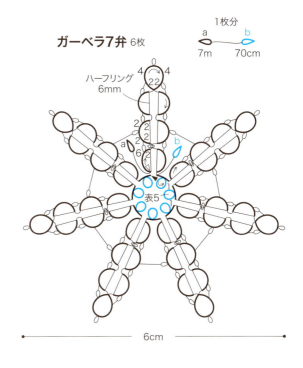

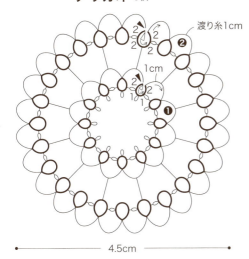

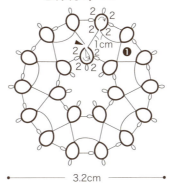

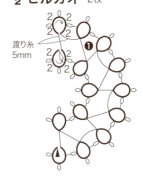

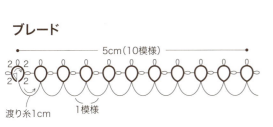

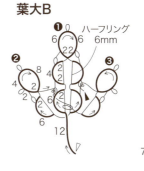

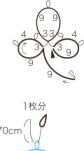

※ブリッジの目数は全体図参照

蘭のドイリー 薄紫　写真24ページ

[材料] オリムパス　金票#40レース糸〈ボカシ〉　薄紫系(62)10g。
[用具]　シャトル1個。
[できあがり寸法]　直径23cm。
[編み方順序・ポイント]
①1段めは内側のリング3個から編み、持ち替えて渡り糸5mmとリングを4回くり返し、対称形にリングと渡り糸5mmで内側に戻るように編みます。
②10模様編み、編み終わりは始めの糸端と結んで始末します。
③2段めは内側の小さいリングと外側の大きいリングを渡り糸3mmで交互に編み、1段めとつなぎながら編み進みます。
④2模様めからは1段めと2段めの先に編んだ模様とつなぎながら10模様編み、編み終わりは始めの糸端と結んで始末します。

23cm

蘭のドイリー 白　76ページの続き　全体図

50cm

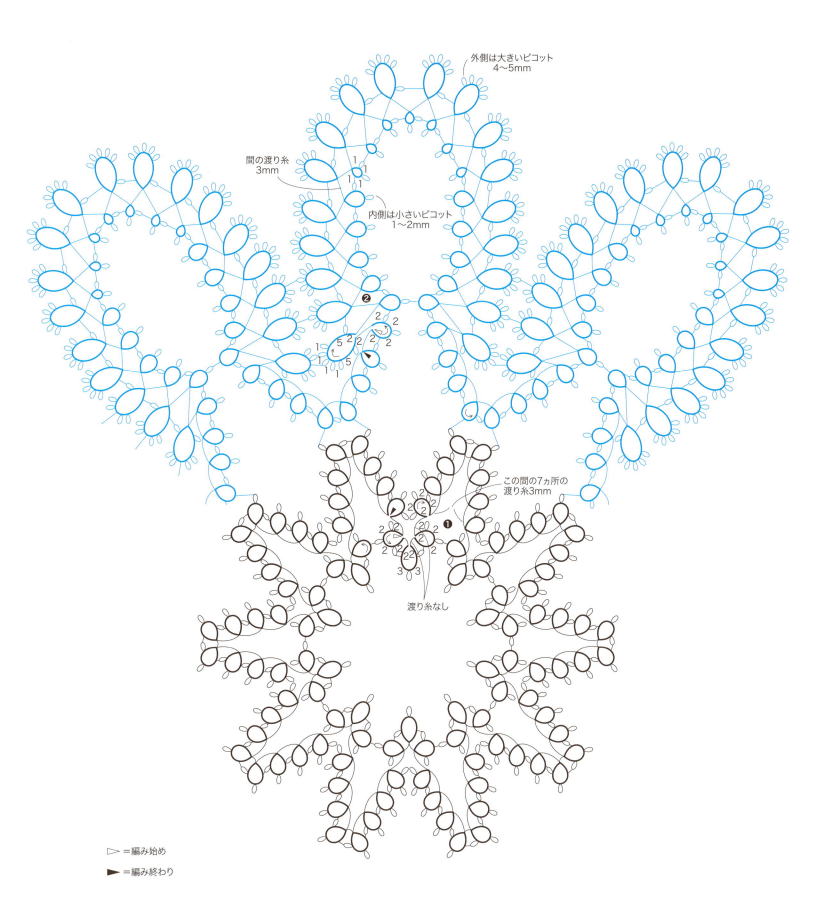

蘭のドイリー 白　写真24・25ページ

[材料]
オリムパス　金票♯40レース糸　オフホワイト
(802) 50g。
[用具]　シャトル1個。
[できあがり寸法]　直径50cm。

[編み方順序・ポイント]
①1、2段めは小さいドイリーと同じです。
②3段めは花模様の中心から編み始め、5弁の花びらをつなぎながら編みます。
③花を1つ編んだら、2段めとつなぎながら、ブレードを編みます。
④花模様とブレードをくり返して10模様編み、編み終わりは編み始めの糸端と結んで始末します。

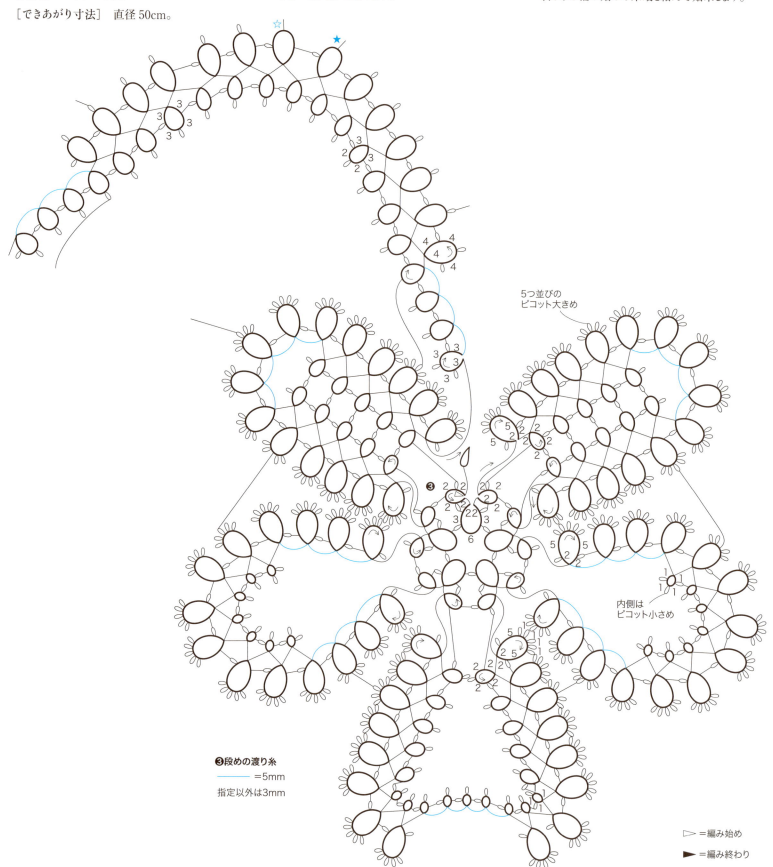

❸段めの渡り糸
―― = 5mm
指定以外は3mm

5つ並びの
ピコット大きめ

内側は
ピコット小さめ

▷ = 編み始め
▶ = 編み終わり

76　Tatting Lace ✱ Flowers & Plants

チューリップのドイリー 写真26・27ページ

[材料] オリムパス 金票#40レース糸 生成り(852) 14g。

[用具] シャトル1個。

[できあがり寸法] 直径27cm。

[編み方順序・ポイント]

① 左の葉から編みます。リングと指定の渡り糸をくり返して、リング8個を編みます。

② 渡り糸にシャトルつなぎして9個めのリングを編み、つなぎとリングをくり返して最初のリングまで戻ります。

③ 続けてブリッジを編み、右の葉を左の葉と同要領に編みます。編み終わりは葉の根元で糸始末します。

④ 花は左端の下のリングから編み始めます。リング5個編んだら渡り糸にシャトルつなぎしながら下に戻ります。

⑤ 2列めは2個めのリングからは1列めの渡り糸につなぎながら編み、1列めと同要領に下に戻ります。

⑥ 3列めはリング4個編んだところで編み終わり、糸始末します。

⑦ 花の右側は左側と左右対称に編み、編み終わりは糸端を20cmぐらい残して切ります。残した糸端を左側の3列めの渡り糸にからめておきます。

⑧ 花のトップは先に編んだ左側に糸をつけてリングを編み、裏側で糸を渡してピコットにシャトルつなぎして次のリングを編みます。4個めのリングはピコット位置で先に編んだ花の右側につなぎます。

⑨ 図のようにリングと渡り糸でネット状に編み、最後は糸端を結んで始末します。

⑩ 球根はまず中心のリングを編み、次にリングのピコットにつなぎながら周囲をブリッジで編みます。

⑪ ブリッジの最後はリングの根元につなぎ、続けて茎を編みます。編み終わりは⑦の糸端と結んで始末します。

⑫ 1つめの花が編めました。

⑬ 2つめの花からは隣の花につなぎながら編み、6枚編んで輪につなぎます。

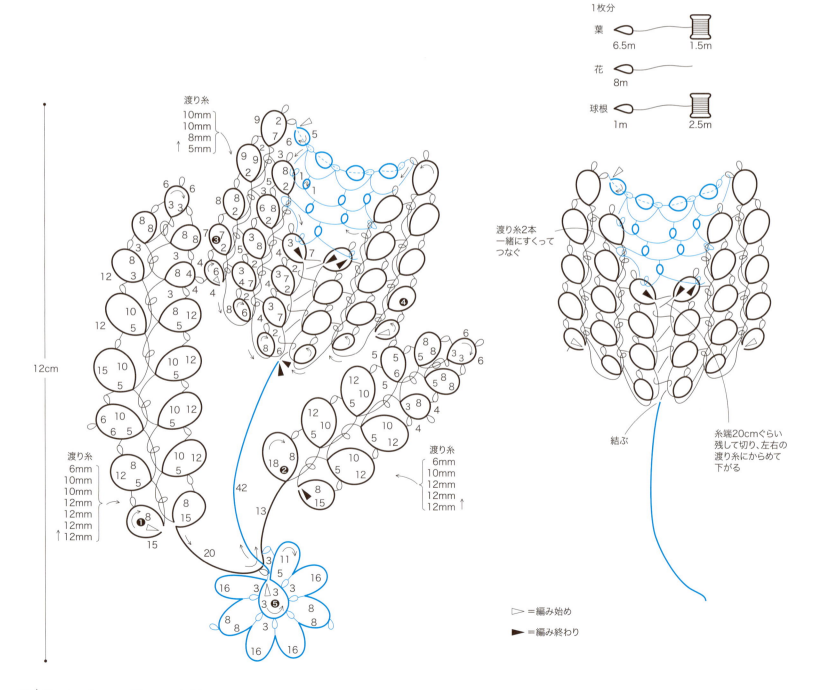

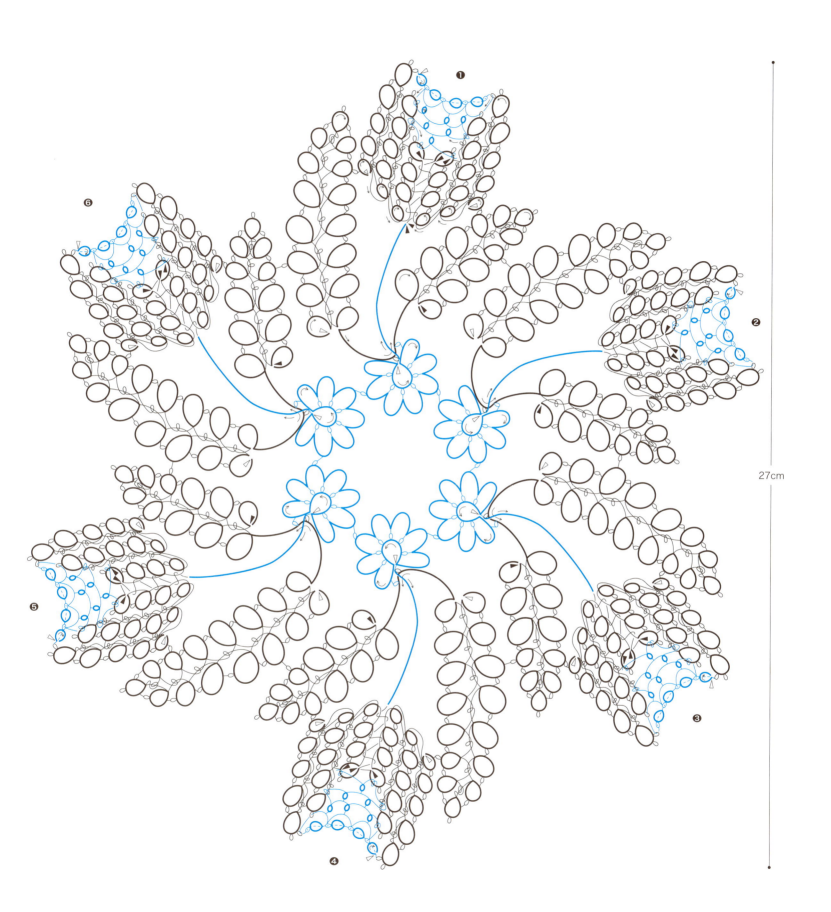
27cm

スイセンとハナミズキのドイリー 写真28・29ページ

[材料]
オリムパス 金票#40レース糸 生成り(852)20g、オフホワイト(802)7g。麻布40cm×55cm。
[用具] シャトル2個。
[できあがり寸法] （布）縦48cm、横33cm。
[編み方順序・ポイント]

ハナミズキ
①花弁の内側のリングから編み始めます。内側のリング15・P・15と編み、持ち替えて花芯のリング2・P・1・P・1・P・1・P・2と編みます。持ち替えて内側、花芯のリングと交互に5個ずつ編みます。花芯のリング5個めを編んだら、編み始めのリングにつなぎます。
②持ち替えて花弁の外側をブリッジで編みます。内側リングに右ピコットつなぎ、花芯リングには根元につないで編みます。花を4個編んでおきます。

葉
③オフホワイトで編みます。最初のリングを編み、渡り糸1cmで4個めのリングまで編みます。渡り糸3mmで5個めのリングを編み、渡り糸にシャトルつなぎして次のリングを編みます。続きも同要領編み、糸始末をします。
④糸を生成りに変えて③と同要領に、オフホワイトの葉につなぎながら編みます。
⑤生成りでもう1枚、④の葉と花につなぎながら編みます。花1個、葉のオフホワイト1枚と生成り2枚をつないで1組です。
⑥1組めの⑤につないで③～⑤をくり返し、4組で輪につなぎます。
⑦布の上に⑥を配置してところどころ縫いとめます。

スイセン
⑧82ページのネックレスの花を参照して編みます。

まとめ
⑨配置図を参照して花と葉を布に縫いとめます。

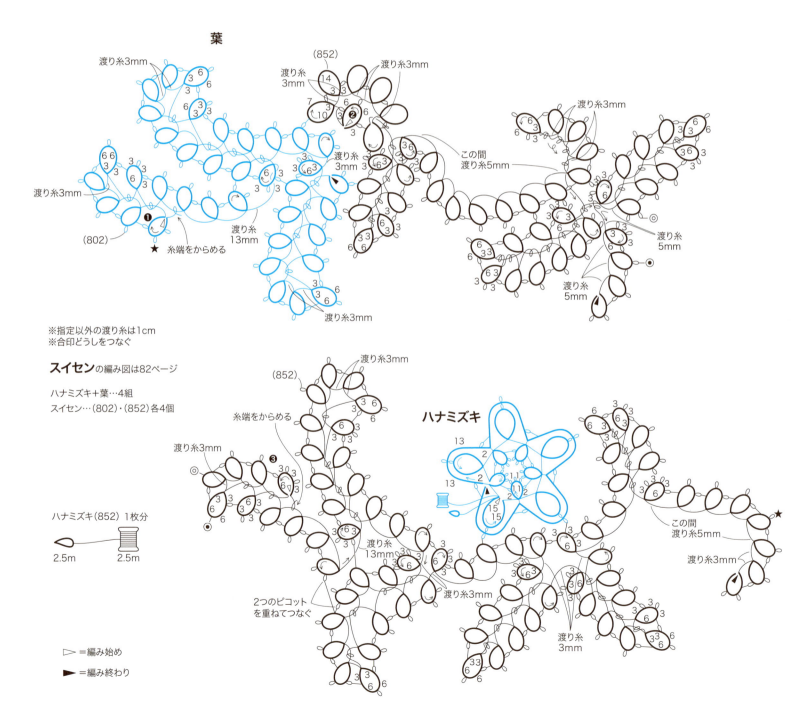

※指定以外の渡り糸は1cm
※合印どうしをつなぐ

スイセンの編み図は82ページ

ハナミズキ＋葉…4組
スイセン…(802)・(852)各4個

ハナミズキ(852) 1枚分
2.5m 2.5m

▷ =編み始め
▶ =編み終わり

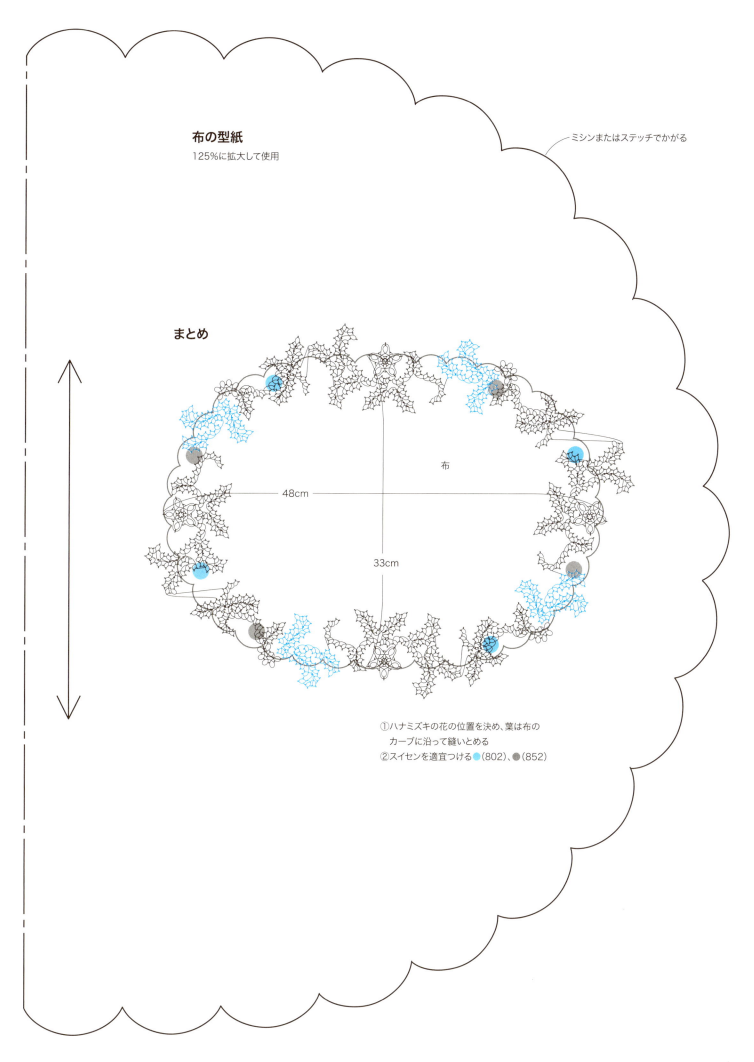

スイセンのネックレス　写真30ページ

[材料]
オリムパス　金票#40レース糸　生成り(852)
10g。紙巻ワイヤー　#26　白36cm×7本、リボン
4mm幅×1m。
[用具]　シャトル2個。
[できあがり寸法]　レース部分22cm。
[編み方順序・ポイント]
①1段めはaシャトルでリングとブリッジを編み、bシャトルに替えてジョセフィンリングを編み、aシャトルに替えてブリッジを編みます。これをくり返して編み、最後は編み始めのリングの根元につなぎ、2段めに糸を渡します。
②2段めはaシャトルで1段めにつなぎながらブリッジを編みます。
葉
③1枚めの葉リングと渡り糸をくり返してリングを7個編みます。渡り糸にシャトルつなぎしてリングを2個編みます。糸を渡して2枚めの葉を同要領に編みます。

まとめ
④ワイヤーは18cmを11本、36cmを1本用意し、レース糸を巻きつけておきます。
⑤花と葉に図を参照してワイヤーを通します。
⑥36cmのワイヤーの両端を曲げて芯にします。花と葉を図を参照して芯のワイヤーに配置してからめ、数か所レース糸でしばります。
⑦ワイヤーにリボンを通して、縫い糸でかがります。

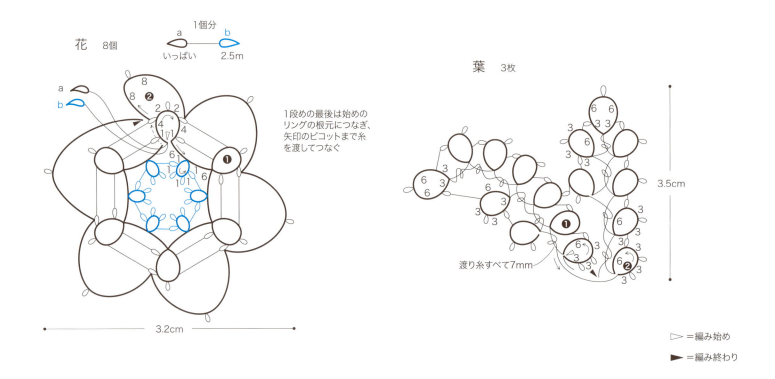

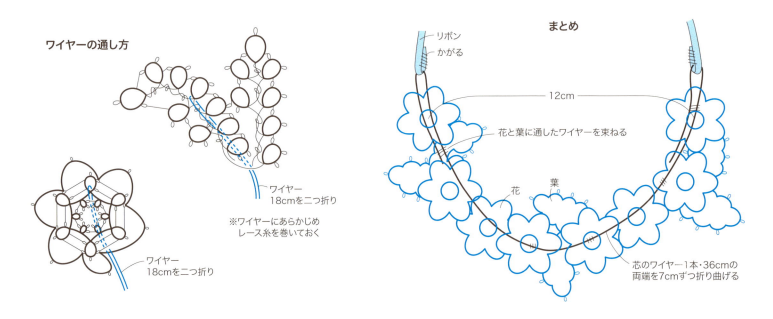

ハナミズキのネックレス&コサージュ　写真31ページ

[材料]
オリムパス　金票#40レース糸　生成り(852) 5g、金票#40レース糸〈ミックス〉淡色カラフル(M10)少々(5m)。紙巻ワイヤー　#26　白36cm×5本、リボン　4mm幅×1m、2.5cm幅×40cm、フエルト少々、ブローチピン1個。
[用具]　シャトル1個。
[できあがり寸法]　両端の花の中心から中心まで13cm。
[編み方順序・ポイント]
花
①1段めはリングを1・P・15・P・15・P・1と編み、糸巻きの糸を編み糸にしてブリッジで2・P・1・P・1・P・1・P・2と編みます。
②5個のブリッジを編んだら、1個めのリングの根元につなぎます。
③2段めはシャトルから残しておいた糸を編み糸にして1段めにつなぎながらブリッジを編みます。編み終わりは始めの糸端と結んで始末します。
葉
①リングを編み、渡り糸7mmして次のリングを編みます。3個めのリングを編んだら、渡り糸にシャトルつなぎして次のリングを編みます。
②図を参照してリング10個を続けて編み、15cmほど糸端を残して切ります。
③編み終わりの糸は花に通して渡り糸にからめ、編み始めの糸端と結んで始末します。
まとめ
④ワイヤーを18cmにカットして、レース糸を巻きつけておきます。
⑤図を参照して、花にワイヤーを通します。
⑥図と写真ページを参照して花の位置を決め、ワイヤーをからめて形を作ります。
⑦ネックレスは両端の花のワイヤーにリボンを通してかがります。
⑧コサージュは形よく4組を束ねてワイヤーをしばります。フエルトを楕円形にカットしてブローチピンをつけて、まとめた花の裏側にフエルトをかがりつけます。束ねたところにリボンを結びます。

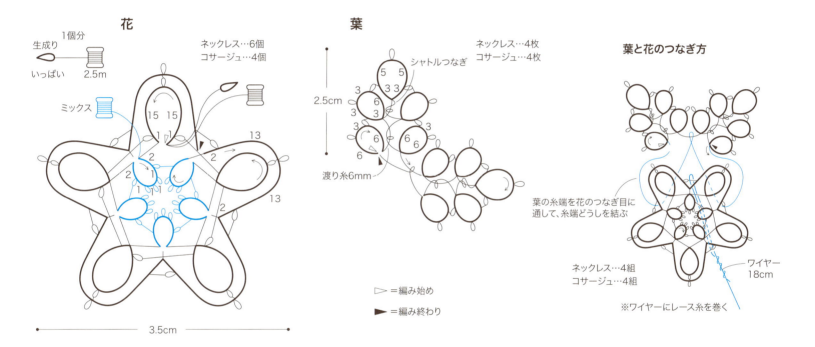

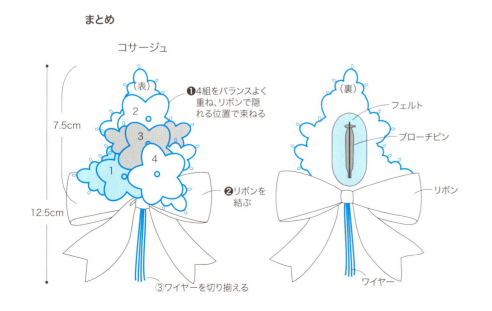

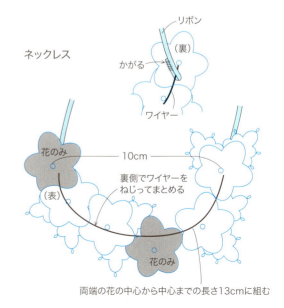

つるばらのアーチ 衿

写真32・33ページ　全体図B面・P95

[材料]
オリムパス　金票#40レース糸　オフホワイト
(802) 20g。

[用具]　シャトル2個。

[できあがり寸法]　衿ぐり39cm、縦36.5cm、横34cm。

[編み方順序・ポイント]

①衿先の花と葉を2組編みます。

②外周の葉と花のブレードを左前から編み始めます。4模様編んだら、①の葉につないで19.5模様編み、右前の衿先の葉につないで4模様編みます。

③衿ぐりのブレードを②につないで編みます。

④つなぎのブレードを③につないで編みます。

⑤後中央の花と葉のモチーフを編み、つなぎます。

⑥⑤からつながる葉とつぼみのモチーフを、図を参照してつなぎながら編みます。

⑦前側の葉とつぼみのモチーフをつなぎながら編みます。

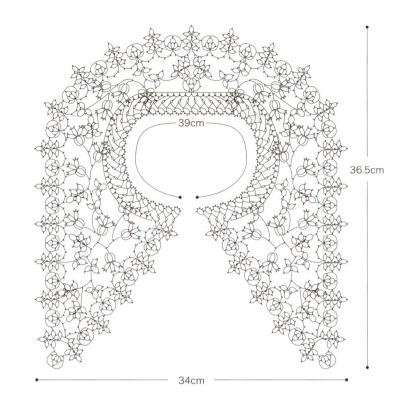

葉と花のモチーフ　衿先 2枚

後中央 1枚

葉と花のブレード

▷ =編み始め
▶ =編み終わり

衿ぐりのブレード

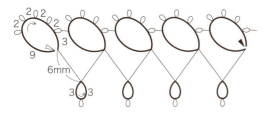

つぼみ

葉大

葉小

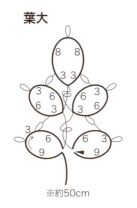
※約100cm

※約50cm

※約50cm

つなぎのブレード

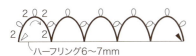

※シャトルから指定の長さの糸を引き出し、編み始め位置のピコット等に通してブリッジから編み始めます。
※茎のブリッジの目数は全体図を参照。

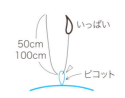

ローズヒップのイヤリング　写真33ページ

[材料]
オリムパス　金票#40レース糸　オフホワイト(802)2g。イヤリング金具1組、丸カン2個。
[用具]　シャトル1個。
[できあがり寸法]　レース部分 4.5cm。
[編み方順序・ポイント]

①図を参照して、指定の長さの糸をシャトルと糸巻きにそれぞれ巻きます。
②実は図を参照してリングとブリッジで編み、編み終わりは実の根元で糸端を結んで始末します。
③葉は図を参照してリングと渡り糸で編み、戻りは渡り糸にシャトルつなぎしながら編みます。1枚めの葉と2枚めの葉の間は裏目だけ6目のブリッジを編みます。2枚めの葉を編んだら、裏目6目のブリッジを編み、リングを編んで終わります。編み終わりは糸端を結んで始末します。
④実と葉の小さいリングを重ね、丸カンでイヤリング金具とつなぎます。

実

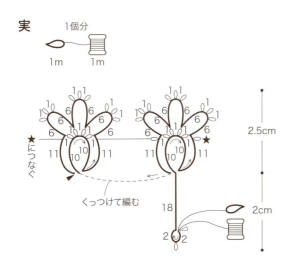

葉

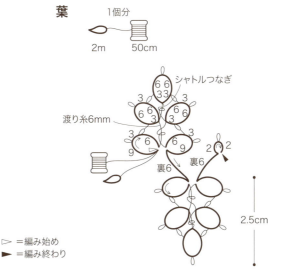

▷ =編み始め
▶ =編み終わり

リーフのアクセサリー ブローチ&イヤリング　写真34ページ

[材料]
オリムパス　金票#40レース糸　ココア色(813)
3g。丸小ビーズ　ベージュ80個、ワイヤーリボン
茶色2cm幅×35cm、ブローチ金具1個、イヤリング
金具1組。
[用具]　シャトル1個。
[できあがり寸法]　ブローチ/幅 6cm、イヤリン
グ/レース部分3cm。
[編み方順序・ポイント]

イヤリング
①指定の長さの糸にビーズを通してシャトルに巻き、
糸巻きには糸だけを巻きます。
②編み図を参照して葉を編みますが、リング1個編
むごとに、編み糸側にビーズを1個移して編みます。
③編み終わりの小さいリングとイヤリング金具を丸カ
ンでつなぎます。

ブローチ
①指定の長さの糸にビーズ60個を通してシャトルに
巻き、糸巻きには糸だけを巻きます。
②編み図を参照して葉を編みますが、リング1個編
むごとに、編み糸側にビーズを1個移して編みます。
③ブリッジは裏目だけを6目編みます。
④葉を12枚続けて編み、糸始末をします。
⑤ワイヤーリボンをリボン結びして形を整え、その上
にレースを重ねて中央のブリッジを糸でワイヤーにと
めつけます。

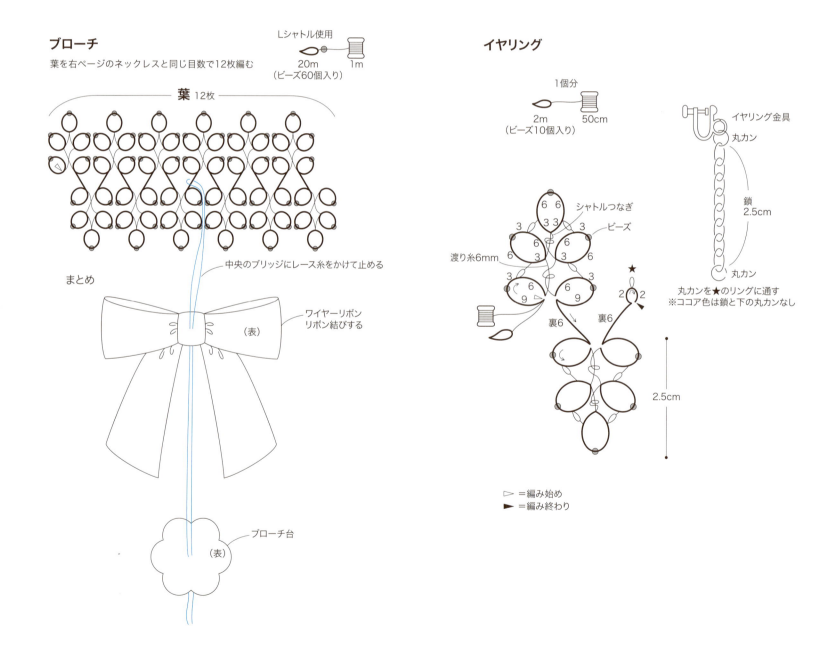

リーフのアクセサリー ネックレス／ブレスレット／イヤリング　写真35ページ

[材料]
オリムパス　金票＃40レース糸　アイボリー（731）10g。アンティークビーズ　角小　ライトグリーン292個、留め金具1組、丸カン3個、カニカン1個、イヤリング金具1組、鎖5cm。
[用具]　シャトル1個。
[できあがり寸法]　レース部分　ネックレス／53cm、ブレスレット／17cm、イヤリング／3cm。
[編み方順序・ポイント]
イヤリング
左ページのイヤリング参照。
ネックレス
①葉は指定の長さの糸をシャトルにはビーズ90個を通した糸、糸巻には糸だけをそれぞれ巻きます。
②編み図を参照して葉を編みますが、リング1個編むごとに、編み糸側にビーズを1個移して編みます。
③ブリッジは裏目だけを6目編みます。
④葉を18枚続けて編み、糸始末をします。
⑤ブレードは糸にビーズを40個通してシャトルに巻きます。
⑥リングとビーズを入れたリングを交互に指定の模様数編みますが、端のリングで葉につなぎながら編みます。
⑦ブレード2本が葉についたら、糸始末をします。
⑧端のリングと留め金具を丸カンでつなぎます。
ブレスレット
①ネックレスを参照して編みます。ネックレスと同じ葉を編み、ブレードは葉につけて1本編みます。
②ブレード端のリングとカニカンを丸カンでつなぎます。カニカンは葉のリングをはさんで留めます。

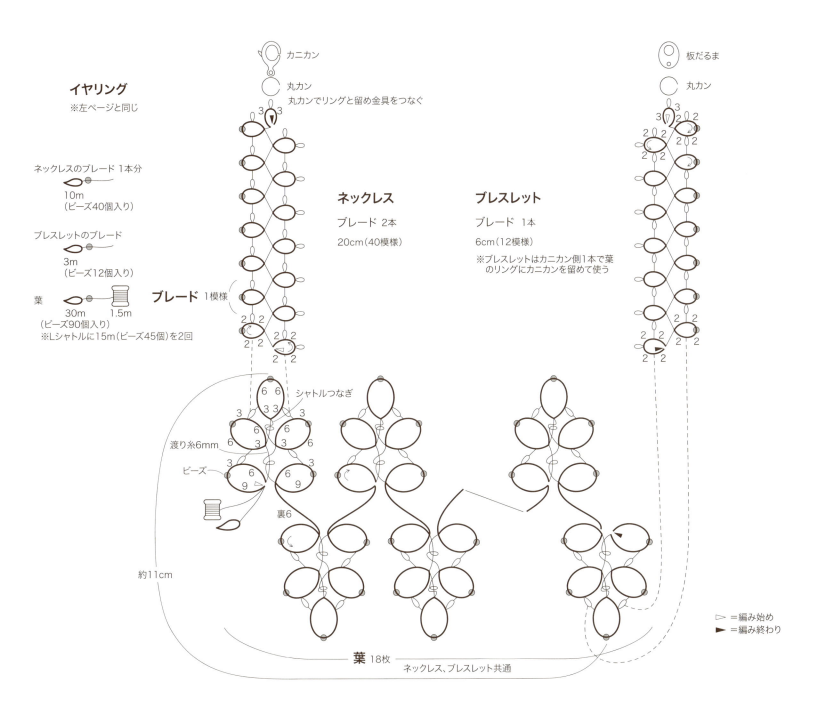

ハートの額 キク／タンポポ／バラ　写真36ページ

♛ キク ［材料］
オリムパス タティングレース糸〈中〉 アイボリー（T203）4g、金票#40レース糸〈ボカシ〉 レモンイエロー系（53）少々。ハートの額 ベージュ1個。
［用具］ シャトル2個。
［できあがり寸法］ 額の大きさ 縦10.5cm× 横10.3cm。
［編み方順序・ポイント］
花

①図を参照してシャトルと糸巻きに糸を巻きます。
②花大と葉は別糸をはさんでブリッジから編み始めます。別糸はあとで抜きます。
③各パーツを指定枚数編みます。
ブレード（共通）
④シャトル2個にそれぞれ糸を巻きます。
⑤図を参照してリングとブリッジで編みます。
まとめ（共通）
⑥額の台紙の縁にブレードを貼りつけ、窓のあいた

上の台紙を重ねて貼り合わせます。
⑦写真ページを参照して花と葉を貼りつけます。

♛ タンポポ ［材料］
オリムパス タティングレース糸〈中〉 生成り（T202）4g。ハートの額 グリーン1個。
［用具］ シャトル2個。
［できあがり寸法］ 額の大きさ 縦10.5cm× 横10.3cm。
［編み方順序・ポイント］

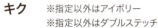
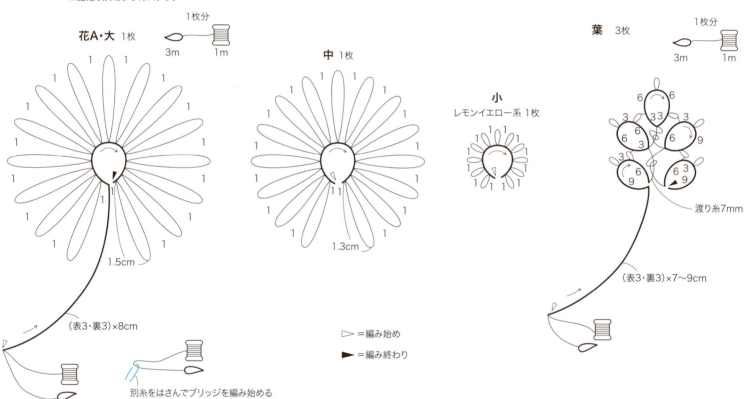

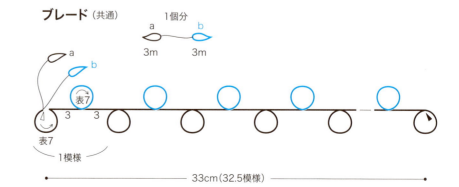

♛ 額の型紙とまとめ方は91ページ

花
①図を参照してシャトルと糸巻きに糸を巻きます。
②花大は別糸をはさんでブリッジから編み始めます。別糸はあとで抜きます。
③花大1枚と花小2枚はピコットの輪を切り、糸をほぐします。
④葉はリングとハーフリングで編み、リングの根元で糸始末をします。

🌹 バラ ［材料］
オリムパス　タティングレース糸〈中〉　生成り（T202）4g。ハートの額　ピンク1個。
［用具］ シャトル2個。
［できあがり寸法］ 額の大きさ 縦10.5cm× 横10.3cm。
［編み方順序・ポイント］
花

①図を参照してシャトル2個に糸を巻きます。
②別糸をはさんで茎のブリッジから編み始めます。別糸はあとで抜きます。
③大はブリッジを（表3・裏3）×4編み、渡り糸3mmしてリングを順番に3個編み、ブリッジに戻ります。
④③と同要領にもう1枚の葉を編みます。
⑤花を編み、リングの根元で糸始末をします。
⑥小は大と同要領に編みます。

タンポポ

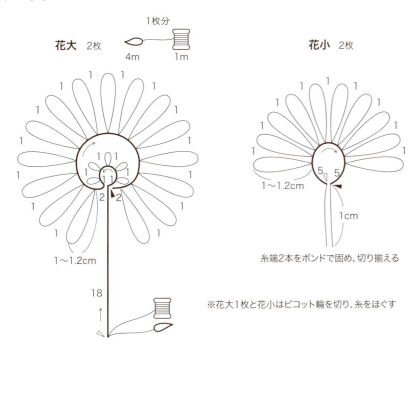

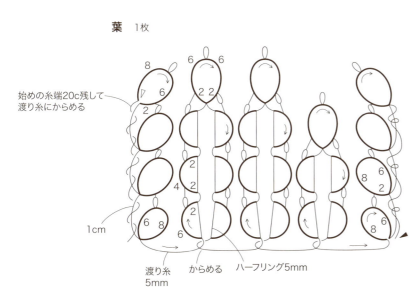

バラ

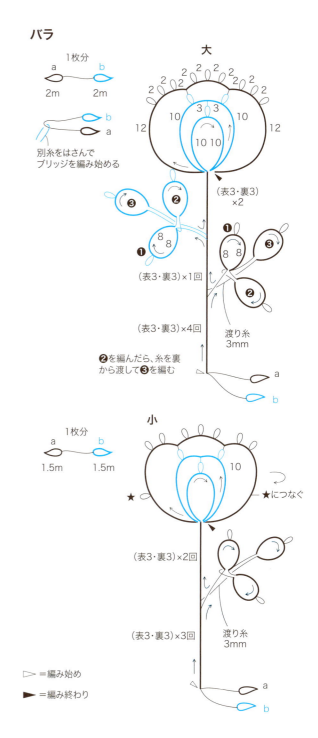

▷ ＝編み始め
▶ ＝編み終わり

南天のリース 写真37ページ

[材料]
オリムパス　金票#40レース糸　生成り(852) 10g、金票#40レース〈ボカシ〉オレンジ色系(17) 5g。紙巻ワイヤー #26　白36cm×9本、リボン1.5cm幅×40cm。
[用具]　シャトル1個。
[できあがり寸法]　リースの直径12cm。
[編み方順序・ポイント]
葉
①大はリングと渡り糸でリング6個編み、シャトルつなぎをして下がり、編み終わりは始めの糸と結んで始末します。
②小は大と同要領に編みます。
実
③渡り糸の長さを変えて指定の本数編みます。
まとめ
④ワイヤーを36cm×1本、12cm×24本用意します。
⑤図を参照して、12cmのワイヤーを葉と実に通し、レース糸をワイヤーに巻きつけておきます。
⑥36cmのワイヤーに実Cのブレードを巻きつけます。
⑦⑥のワイヤーのブレードの端を隠すように、図を参照して葉と実のワイヤーを添えてレース糸を巻きつけます。
⑧36cmのワイヤーで輪になるようにして、左右からきたワイヤーを重ねてレース糸をまきつけて束ねます。はみ出したワイヤーは輪に沿わせてからめます。束ねた所を隠すようにリボンを結びます。

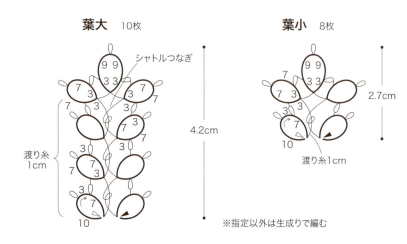

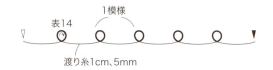

a … 渡り糸1cm・10模様×8本
b … 渡り糸5mm・20模様×4本
c … 渡り糸5mm・70模様×1本

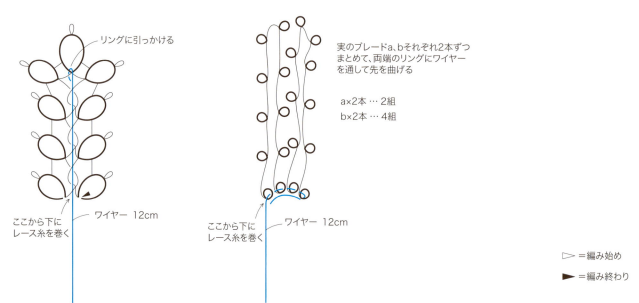

▷ =編み始め
▶ =編み終わり

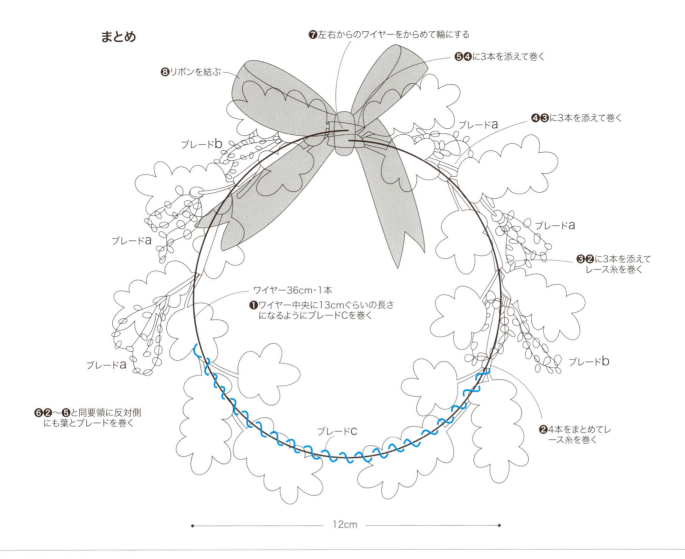

ハートの額 88・89ページの続き

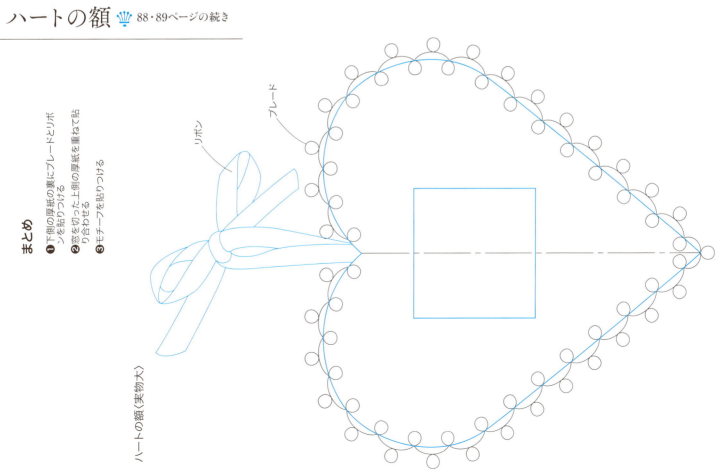

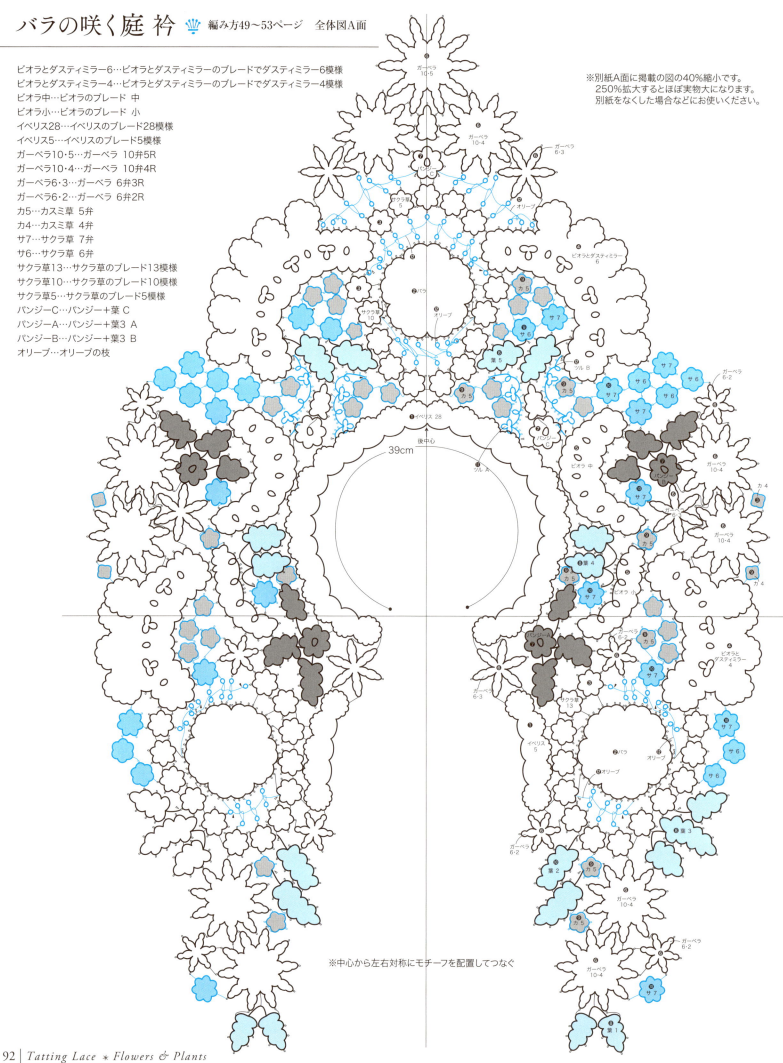

木もれ日 衿

編み方64〜67ページ　全体図A面

※別紙A面に掲載の図の40%縮小です。
250%拡大するとほぼ実物大になります。
別紙をなくした場合などにお使いください。

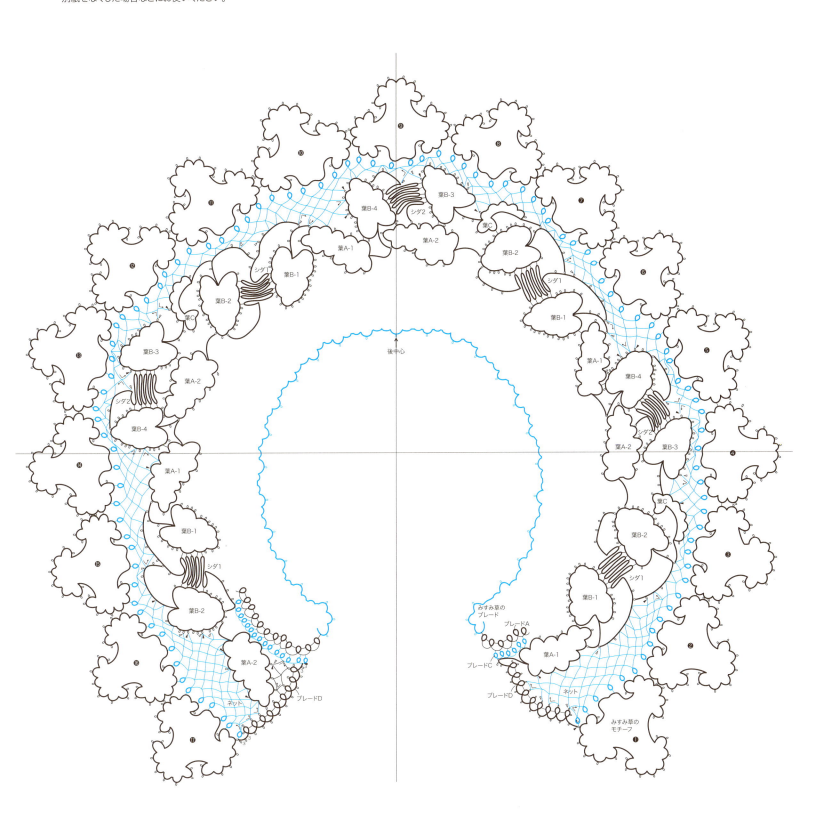

夏の日 衿　編み方73ページ　全体図B面

※別紙B面に掲載の図の50％縮小です。
　200％拡大するとほぼ実物大になります。
　別紙をなくした場合などにお使いください。

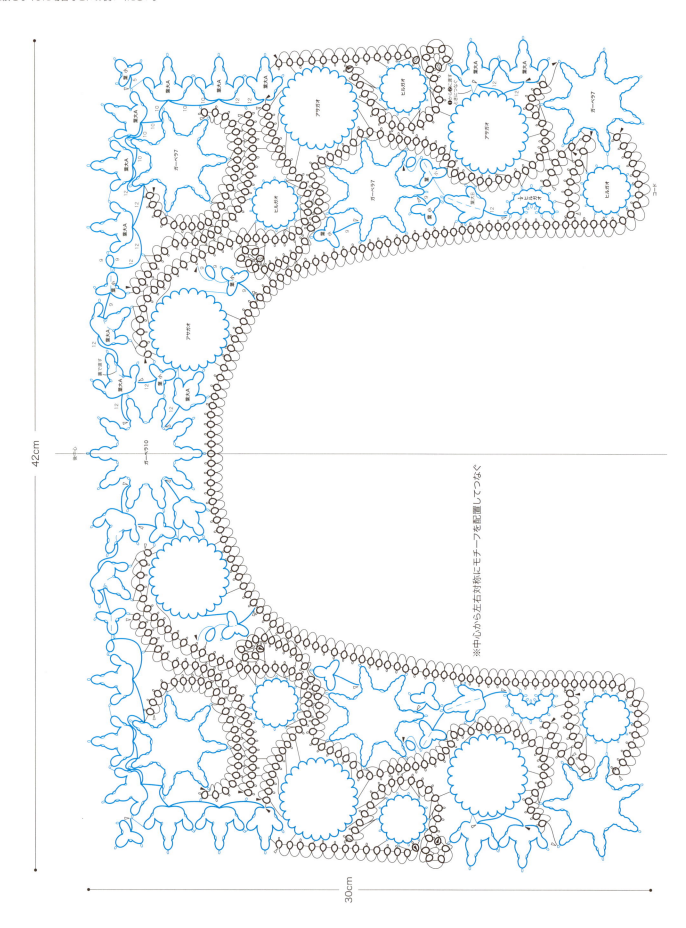

つるばらのアーチ 衿　編み方84ページ　全体図B面

※別紙B面に掲載の図の50%縮小です。
200%拡大するとほぼ実物大になります。
別紙をなくした場合などにお使いください。

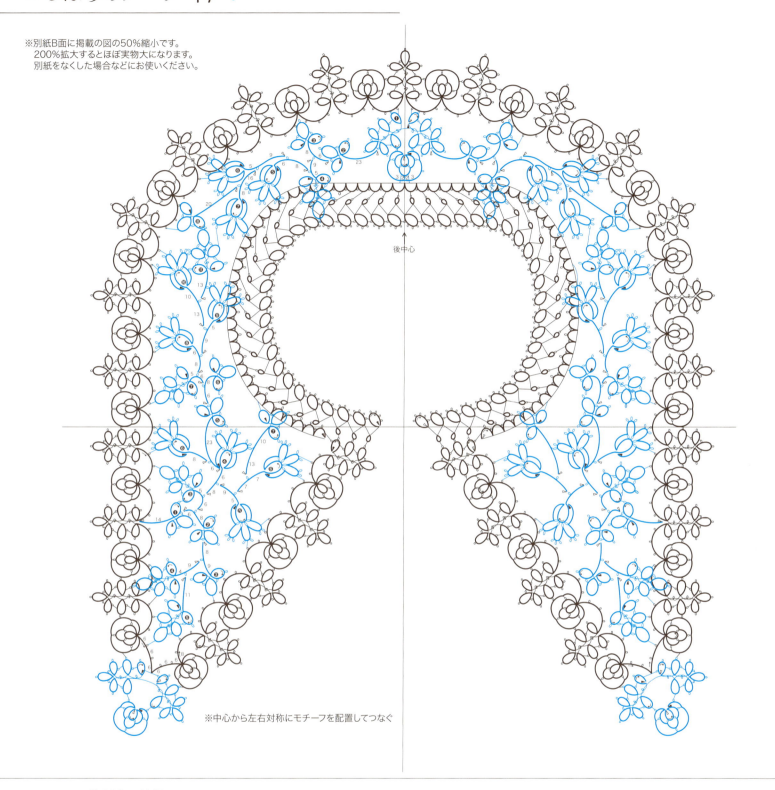

後中心

※中心から左右対称にモチーフを配置してつなぐ

使用糸の情報　全てオリムパスレース糸　（2017年3月31日現在）

糸名	品質	適正レース針	仕立て／糸長	本体価格(税別)	備考
金票#40レース糸	綿100%	6～8号	10g玉巻／約89m	300円	
			50g玉巻／約445m	白1050円・色1200円	
金票#40レース糸〈ボカシ〉	綿100%	6～8号	10g玉巻／約89m	320円	
			50g玉巻／約445m	1200円	
金票#40レース糸〈ミックス〉	綿100%	6～8号	10g玉巻／約89m	320円	
タティングレース糸〈中〉	綿100%	－	約40m巻	360円	レース糸#40相当
タティングレース糸〈細〉	綿100%	－	約40m巻	360円	レース糸#70相当
タティングレース糸〈太〉	綿100%	－	約40m巻	360円	レース糸#20相当
エミーグランデ	綿100%	0～2/0号	50g玉巻／約218m	1050円	レース糸#20

藤重すみ Sumi Fujishige

東京都出身。田村彰三先生に師事。その後、ヨーロッパ各地をめぐり、レースデザイナーの方々と交流。1995年六本木アトリエにてレースクラススタート。現在、公益財団法人日本手芸普及協会名誉理事、RING OF TATTERS会員(イギリス)、NHK本校講師、その他よみうりカルチャー講師、各教室指導、展示会などタティングレースの普及に取り組んでいる。

◎展示会の歩み

1997年	銀座画廊にて展示	「レース華展」
1998年	銀座ロイヤル美術館	「波紋」
2001年	音羽鳩山会館、銀座 大黒屋	「いぶき」
2002年	六本木 国際文化館	「18～19世紀 アンティークレース」
2004年	南青山 サロン ド フルール	「あゆみ 大地への回帰」
2005年	フランス ボルドー	「江戸の華」
2007年	南青山 サロン ド フルール	「心の光景 喜怒哀楽」
2008年	南青山 ヒルズギャラリー80	「心の光景 草木花」
2009年	南青山 サロン ド フルール	「心の光景 楽～ときめき」
2012年	イタリア フィレンツェ	「さくら」
2013年	NHK本校ロビー	「富嶽三十六景より」
2017年	フランス コルマール	「日本の四季」

[編集協力]
金子悦子
山野千代子
木村三千代
後藤千恵子

[作品製作]
清水由美子
小俣葉子
勝澤照子
金久保幸枝
中山あつ子
錦織三枝子
野原恭子
宗形惠美子
林 泰子
西川洋子
山田香純
阿部ひろ子

素材協力
・オリムパス製絲株式会社(レース糸)
Tel.052-931-6652　www.olympus-thread.com
・クロバー株式会社(用具(1枚型ピコゲージ除く))
Tel.06-6978-2277　www.clover.co.jp

撮影協力
・ファラオ/コロニー(P4 ワンピース、P10 シャツ)
東京都渋谷区西原 3-14-11　Tel.03-6416-8635
・ネパリ・バザーロ(扉、P12、15、21 ワンピース)
神奈川県横浜市栄区小菅ケ谷 4-10-15　Tel.045-891-9939
・AWABEES
東京都渋谷区千駄ヶ谷 3-50-11 明星ビルディング 5F　Tel.03-5786-1600
・EASE
東京都品川区西五反田 3-1-2　Tel.03-5759-8267
・UTUWA
東京都渋谷区千駄ヶ谷 3-50-11 明星ビルディング 1F　Tel.03-6447-0070

Staff
ブックデザイン/寺山文恵
撮影/渡辺淑克(表紙・口絵・基礎)　森村友紀(基礎)
スタイリスト/植松久美子
トレース/まるり
編集担当/飯島亮子

・本書の複写にかかる複製、上映、譲渡、公衆送信(送信可能化を含む)の各権利は株式会社日本ヴォーグ社が管理の委託を受けております。

〈(社)出版者著作権管理機構 委託出版物〉
本書の無断複写は著作権法上での例外を除き禁じられています。複写される場合は、そのつど事前に、(社)出版者著作権管理機構(TEL.03-3513-6969　FAX.03-3513-6979　e-mail:info@jcopy.or.jp)の許諾を得てください。

・万一、落丁本、乱丁本がありましたら、お取り替えいたします。小社販売部までご連絡ください。
・印刷物のため、実際の色とは色調が多少異なる場合があります。

あなたに感謝しております　We are grateful.

手づくりの大好きなあなたが、
この本をお選びくださいましてありがとうございます。
内容はいかがでしたでしょうか?
本書が少しでもお役に立てば、こんなにうれしいことはありません。
日本ヴォーグ社では、手づくりを愛する方とのおつき合いを大切にし、
ご要望におこたえする商品、サービスの実現を常に目標としています。
小社及び出版物について、何かお気付きの点やご意見がございましたら、
何なりとお申し出ください。
そういうあなたに、私共は常に感謝しております。

株式会社日本ヴォーグ社社長　瀬戸信昭
FAX.03-3383-0602

アンティークレースに魅せられて
草花を編むタティングレース

発行日/2017年5月9日　第1刷
　　　　2018年2月15日　第3刷
発行人/瀬戸信昭
編集人/今ひろ子
発行所/株式会社日本ヴォーグ社
　〒164-8705 東京都中野区弥生町5-6-11
　TEL.03-3383-0628(販売)　03-3383-0638(編集)
　振替00170-4-9877
　出版受注センター TEL.03-3383-0650　FAX.03-3383-0680
印刷所/株式会社東京印書館
Printed in Japan　©Sumi Fujishige 2017
ISBN978-4-529-05664-9　C5077

日本ヴォーグ社関連情報はこちら
(出版、通信販売、通信講座、スクール・レッスン)
http://www.tezukuritown.com/　[手づくりタウン][検索]